KB128458

Business Innovation Service Design

Yong Se Kim

비즈니스 이노베이션 서비스 디자인

김용세 지음

박영사

2008년 우리나라 정부에 산업통상자원부가 개명하여 지식경제부가 탄생하며 지식
서비스과가 생겼다. 이때쯤부터, 우리나라에서 서비스 디자인이란 분야가 생겨났다
고 할 수 있다. 중공업 진흥이 우리나라 산업발전에 큰 기여를 하였듯이, 서비스 산
업의 발전이 경제에 중요한 역할을 하게 될 것을 기대하면서 지식서비스과가 생긴 것
이다. 지식서비스 분야의 중장기 R&D 정책을 수립하는 노력이 진행되며, 나는 이러
닝 분야의 전문가로 당시 위원회에 참여했다. 그런데 아주 중요한 지식서비스인 제
품을 기획하고, 개념을 디자인하고, 그 구현방법을 구체 설계, 개발하는 과정 등 생
산이전의 제품 개발 과정을 다루는 분야가 빠져있음을 내가 지적했다. 위원회의 이
분야활동도 내가 참여하게 되었다. 세계적으로는 이보다 2~3년 앞서, 2004~2006년
경 Stephen Vargo의 Service Dominant Logic 논문이 학계의 관심을 끌고, 미국의
IDEO, 영국의 Live Work, Engine 등의 디자인 회사에서 대표적인 서비스 디자인
사례를 수행하기 시작했다.

나는 미국에서 10년간 교수 활동을 한 후, 2000년 9월 한국에 돌아왔다. 그때부터
우리나라 설계 교육의 혁신을 위해 노력했다. 우리나라 공과대학의 설계와 미술대학
의 디자인이 서로 단절되어서는 안 된다며, 융합디자인 교육 및 디자인 연구의 중요
성을 강조해왔다. 그리고, 2008년 12월부터, 지식서비스 분야의 진흥을 위해 또 서
비스융합 비즈니스 모델을 통한 우리나라 제조기업의 혁신을 위해, 제품-서비스 시
스템 디자인 기술개발 연구 과제를 수행했다. 기존의 제품 디자인 방법론에 비해, 서
비스 디자인 방법론은 국제적으로도 충분한 연구가 되어 있지 않았었다. 예를 들어,
1970년대 영국 Cambridge대학의 Ian Braid 등의 연구가 제품의 형상을 표현하기
위한 기초 연구의 시작이었고, 약 30여 년 후 컴퓨터를 활용하는 제품설계과정이 산

업계에 보편화되었다. 그런데, 서비스 디자인의 핵심인 인간의 행위를 표현하기 위한 연구는 이제껏 제대로 되어 있지도 못했다.

이런 상황에, 지식경제부, 산업통상자원부의 지원으로 우리나라의 서비스 디자인 및 제품-서비스 시스템 디자인 연구는 세계적으로 선도적인 위치에 이르게 되었다. 2008년 12월부터 2013년 11월까지 5년간 수행된 제품-서비스 시스템 디자인 기술개 발 과제에서는 서비스 디자인을 체계적으로 가능하게 하는 디자인 방법론과 소프트 웨어 기반 디자인 도구들이 개발되었다. 본 저서의 대부분의 내용은 이 방법론에 기 반한 것이다. 그리고, 2013년 12월부터 2016년 11월까지 3년간 수행된 제조업의 서 비스화 지원 프레임워크 개발 과제는 이 방법론을 산업체에 적용하는 내용을 핵심 으로 진행되었다. 또한 이 방법론과 지원도구를 충분히 습득한 서비스 디자인 전문 가를 양성하려는 의도로 2013년 3월 성균관대학교의 서비스융합디자인 협동과정 이 만들어졌다. 이 협동과정 대학원생들은 대부분이 산업체 경험을 갖고 있는 인력 들로, 새롭게 체계적으로 만들어진 서비스 디자인 방법론을 습득하기 위해 대학원 에 찾아온 인력들이다. 2013년부터 본 저서의 집필이 완성된 2018년까지 약 5년 동 안 이 서비스 디자인 방법론은 서비스융합디자인 협동과정의 핵심 교과과정으로 제 공되고, 산업통상자원부의 제조업 서비스화 지원 프레임워크 과제를 통해 산업체에 적용되며 그 유용성과 우수성이 검증되고, 개선된 것이다.

나는 이 책의 내용을 만들 수 있는 연구 과제를 지원한 지식경제부/산업통상자원부 에게 감사의 마음을 전하고자 한다. 그리고 이 서비스 디자인 방법론을 학습하고 산 업체 사례에 적용한 성균관대 서비스융합디자인 협동과정의 졸업생 및 재학생들에 게 고마움을 표시하고자 한다.

본 저서에 소개된 서비스 디자인 방법론의 연구, 개발과정을 함께 수행해준 연구팀 에게 또한 깊은 고마움을 표하고자 한다. 우선 서울대 홍유석 교수님은 2008년부터 2013년까지 8년간 두 연구과제에 모두 핵심적으로 참여한 공동연구자이다. 특히 본 저서 3장의 비즈니스 모델 전략 부분은 홍교수님이 주도적으로 개발한 내용이다.

이 부분에 대한 더 깊은 관심이 있는 분들은 홍유석 교수님의 비즈셰프 관련 최근 연구내용을 더 참조하기 바란다. 홍교수님은 또한 2008년부터 지금까지 쭉 Design Society를 중심으로 한 국제 설계 연구 네트워크에서 우리나라가 중추적 역할을 하는 데 많이 기여한 동료이다. 2010년 창의적설계연구소에 연구교수로 조인한 조창규 박사님도 많은 기여를 했다. 1상에서 소개하는 가치모델링 부분을 함께 개발하였고, 그 이후 창업한 알마덴디자인리서치를 통한 서비스 디자인 컨설팅 활동을 하며, 제조업의 서비스화 프로젝트와 연계하여 비즈니스 컨텍스트 분석 방법을 주도적으로 개발하였다. 비즈니스 모델 부분의 사례에 대한 설명도 조박사님이 기여한 부분이다. 2013년 서비스융합디자인 협동과정 개설 이래, 겸임교수로서 비즈니스 관점에 대한 교육을 지속적으로 해주고 있다. 이 기회에 홍유석 교수님과 조창규 박사님에게 감사의 마음을 전한다. 성균관대 김기옥, 이성일, 이상원, 이지형 교수님, KAIST 이지현 교수님, 산업기술대 이영곤 교수님 등이 제품-서비스 시스템 디자인 기술개발 등에 함께 참여하여 도움을 주신 분들이다. 해당 과제의 참여기업들의 경우, 일부는 디자인 기업, 일부는 소프트웨어 기업들인데, 이 기업들 및 참여자 여러분들에게도 감사한다. 2013년 시작한 제조업 서비스화 과제에 참여한 팀인터페이스 이성혜 대표님, 컨설팅서비스협회 임광우 본부장님 등에게도 감사의 마음을 전한다.

2005년에 설립되어, 창의적설계추론 지적교육시스템 연구를 수행하고, 2008년부터 현재까지 서비스 디자인과 제품-서비스 시스템 디자인 연구를 수행하고 있는 우리 창의적설계연구소에는 많은 우수 연구자들이 참여하였다. 미국 일리노이 대학에서부터 나와 협력을 해온 AI 전문가인 Eric Wang 박사님은 제품-서비스 시스템 디자인을 위한 지능형 소프트웨어 개발에 많은 도움을 주었다. 영국 서레이 대학교 환경심리학 박사인 홍연구 박사님은 경험평가 및 분석 부분에 많은 기여를 해왔다. 홍연구 박사님도 서비스융합디자인 협동과정의 겸임교수로 지속적으로 도움을 주고 있다. 맹주원, 우승현 박사님, 김진휘, 김선란, 정혜지, 도성희, 김나리, 이주혜 연구원님 등도 많은 부분에서 도움을 주었다. 아직 우리나라에 서비스 디자인 관련 제대로 교육받은 인력이 많지 않던 시절, 영국, 이탈리아 등 유럽에서 관련 분야의 석, 박사 교육을 받고 국내에 들어온 아주 귀한 인재들이었다. 물론 일본에서 공부하고 오거나, 국내에서 연구 및 디자인을 해온 연구원님들도 아주 큰 도움을 주었다. 박진아, 김영미, 한대만, 김동섭, 조숙현, 이지원 박사님 그리고 정지윤, 신진우, 노지혜 연구원님 등 창의적설계연구소 연구원님들에게 고마운 마음을 전한다. 2013년 서비스융합디자인 협동과정이 생기기 이전에는, 기계공학부 및 소비자학과 대학원생들이, 이후에는 협동과정 대학원생들이 연구에 많은 기여를 했다. 너무 많아 일일이 이름을 언급하지 못하지만 이들의 도움에도 감사한다.

본 저서의 마지막장에 소개된 사례인 행복맞춤목공소란 브랜드명은 내가 만들었다. 각자의 가정에 딱 맞는 행복을 직접 자신들의 손으로 만드는 서비스라는 의미이다. 이 브랜드명을 만들 때 가장 마음 아픈 것이 정작 나는 내 가정을 위해 제대로 못하면서, 이런 이름을 만드는 내 자신이 부끄러웠다. 아빠가 잘 챙겨주지 못해도 잘 자라주는 지아, 수아 두 딸과 아내에게 무한하게 고맙고 미안하다.

목차

03 제품-서비스 시스템 비즈니스 모델

그림 목차

02 제품-서비스 시스템 디자인 방법론

03 제품-서비스 시스템 비즈니스 모델

04 경험 평가 및 분석

05 서비스 프로토타이핑

06 비즈니스 이노베이션 서비스 디자인

Business Innovation Service Design

서비스 디자인이란

비즈니스 이노베이션을 위한 서비스 디자인!

과연 서비스 디자인이란 무엇인가?

서비스 디자인을 제대로 하기 위해서 어떤 개념이 필요한가?

과연 서비스는 어떤 본질을 갖고 있는가?

경험이란 무엇인가? 가치란 무엇인가? 등을 생각하는 내용으로

본 저서의 첫 번째 장을 시작한다.

1. 지적교육시스템

저자는 2000년 9월에 한국으로 돌아와 성균관대 기계공학부 교수로 부임하였다. 미국에서 10년 동안 교수를 하다 돌아왔다. 2001년 3월부터 창의적 공학설계라는 공과대학 1학년생을 대상으로 하는 설계기본소양을 교육하는 교과목을 새로 개발하여 강의하기로 했다. 그리고 2001년 1, 2월 겨울방학 때 앞으로 수년간 수행할 연구 계획을 세웠다. 당시 교수 1인에게 약 9억 원을 제공하는, 소위 창의적 연구 진흥 사업이라는 연구비 지원 프로그램이 있었다. 연구비 지원 규모가 크고, 따라서 다른 연구 과제를 할 수 없는 프로그램이었기 때문에 내가 하고자 하는 연구 분야를 모두 모아 하나의 주제 안에 포함하는 연구 계획을 세워야 했다. 그 주제로 고른 것이 바로 창의적으로 설계하는 능력을 지적교육시스템(Intelligent Tutoring Systems)을 통해 지원하는 연구였다.

79학번인 내가 고등학교를 다니던 시절은 많은 학생들이 과외공부 또는 가정교사를 통해 학습 지원을 받던 시절이었다. 그 당시 고3 학생을 위한 가장 좋은 방법으로 사람들은 바로 전 해에 대학에 입학한 대학 1학년생 가정교사(Private Tutor)를 이용하는 방법이라고들 말했다. 이유는 이런 가정교사가 바로 1년 전에 자기가 공부를 했으니까 교육내용을 잘 알고 있고, 고3 당사자 학생의 여러 가지 정서적 상황을 잘 이해하므로 고3 당사자 학생에게 딱 맞는 학습 지원을 해줄 수 있기 때문이라고 했다.

이렇듯 학습 능력이 각각 다르고, 학습 스타일도 각각 다르고, 정서적 특성도 각각 다른 학습자들에게 맞춤화된 학습 지원이 필요한 것이다. 그러나 학습자 1명에게 가정교사 1명을 제공해주기 위해서는 전체적인 비용이 엄청 크게 들 것이다. 그래서 컴퓨터의 Intelligence와 Interactivity를 이용해서 컴퓨터를 활용한 맞춤화 학습 지원을 하는 시스템, 즉 지적교육시스템을 만드는 연구 분야가 AI기술에 기반하여 탄생하였다.

창의적 설계 지적교육시스템

나는 미국 일리노이 주립대학(University of Illinois at Urbana - Champaign) 조교수 시절인 1990년대 중반부터 지적교육시스템 연구를 수행해왔다. 이러한 맞춤화 교육 시스템을 창의적 설계 능력, 즉 Creative Design 능력을 위해 개발하는 연구를 주제로 연구계획을 수립하였다. 이를 위해서는 디자인과정과 창의성 등에 대한 기초연구, 이 결과를 지적교육시스템에 담기 위한 알고리즘 연구, 그리고 지적교육시스템 연구 등 3분야의 유기적인 연계가 필요한 융합연구가 수행되어야 한다. 설계 및 디자인 전문가, 창의성 등 인지심리 및 교육심리 전문가, AI 등 전산학 전문가 등이 기초연구에서 응용연구까지 망라해 진행하는 대표적인 다분야 융합연구인 것이다.

2001년 초에 수립된 창의적 설계 지적교육시스템 연구 계획은 2001년, 2003년에는 최종평가에서 탈락했으나, 드디어 2004년 3수 만에 지원 대상으로 선정되었다. 연구비 규모가 큰 연구라 별도의 연구소를 설립하라는 것이 당시 과학기술부의 요구였다. 따라서 이 과제에 간접적으로 도움을 줄 수 있는 성균관대 동료 교수들을 모아 창의적 설계 연구소(Creative Design Institute, CDI)를 2005년 1월 설립하였다(CDI, 05). 디자인, 공학설계, 건축설계 전문가들로 구성된 Design Foundation 그룹, 인지심리학, 사회심리학, 소비자학, 경영학 전문가로 구성된 Design Social Science 그룹, 인공지능, Computational Design, HCI 전문가로 구성된 Design Informatics 그룹 등 3그룹이 융합연구를 수행하는 CDI는 지금까지 지속되며 국내 융합연구소의 모델을 제시하는 역할을 해왔다. 특히 CDI 연구진은 연구에 기반한 설계 및 디자인 교육 혁신도 선도적으로 이끌어오고 있다.

2. 서비스의 본질

창의적설계 지적교육시스템 연구가 한창 활발히 진행되던 2007년부터 나는 각종 강의 및 강연의 서두에서 아래의 (그림 1-1)을 학생 및 청중에게 보여준다. 그리고 이 그림을 보고 각자 떠오르는 생각을 공개적으로 말하도록 요청한다. 독자 여러분도 스스로 무슨 생각이 떠오르는지 생각해보기 바란다.

(그림 1-1)에는 아인슈타인, 스티브 잡스 등 창의적인 인물들의 사진이 있다. 빌 게이츠도 있다. 클린턴 대통령 사진도 있고, 김정일 사진도 있다. 오프라 윈프리 같은 셀러브리티 인물들도 있다. 물론 내 사진도 있다. 떠오르는 생각을 말해보라는 요청에 흔히 나오는 대답들은, 창의적인 사람들, 이노베이션을 이끈 사람들, 리더들 등등의 대답이 주로 나온다. 다 좋은 대답들이다. 그런데 이 그림을 만들 때 내가 전달하고자 하는 메시지는 이 그림 속의 사람들이 다 다르다는 점이었다. Everybody is different!!

그림 1-1 이 그림을 보고 무슨 생각이 드나요?

Everybody is Different.

사람들이 다 다르다는 점은 우리가 사는 세상을 재미있게 한다. 과연 독자들은 사람이 다 다르다는 말에 공감하는가? 많은 분들이 공감하겠지만, 그래도, 약간의 의구심이 있는 독자들을 위해, 사람들이 다 다르다는 증거를 아래와 같이 제시한다.

성균관대 공과대학 1학년 학생 15명을 사당동 파스텔시티에 보냈다. 이들은 모두 한국학생들이니 문화적 배경이 비슷하고, 같은 학교 학생들이니, 지적 수준이 비슷하다 할 수 있다. 파스텔시티 오픈 직후여서, 이 학생들은 여기에 처음 온 것이다. 이 학생들에게 로비에서 무언가를 A4종이 낱장에 그리도록 과제를 부과했다.

이들 중 5명은 (그림 1-2)의 맨 위에서 보이듯, 로비에 있는 가짜 나무의 주변에 있는 구조물의 상판이 마치 책상과 비슷하다는 점을 인지하고, 여기에 종이를 대고 그림

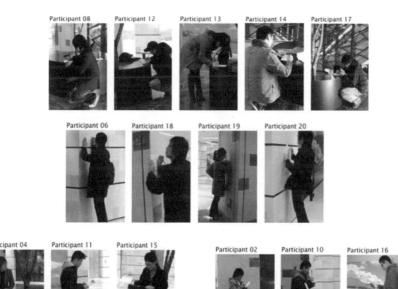

그림 1-2 같은 공간에서 같은 작업인 A4 용지 낱장에 그림 그리기 작업하는 모습

을 그렸다. 이들 중 4명은 쪼그려앉아 그렸고, 1명은 서서 그렸다. 이 차이가 복장의 차이 때문인지, 아니면 성별의 차이인지는 모르겠지만, 하여간 이 5명은 비슷한 행동을 보였다. 가운데 줄에 있는 4명은 벽에 종이를 지지하였다. 아랫줄 왼쪽의 3명은, 앉지 말라는 경고문이 있음에도 이를 뻔뻔스럽게 무시하고 윗줄의 5명이 종이를 지지한 구조물에 자신의 몸을 지지하고는, 종이는 가방 등 다른 구조물을 이용하여 지지하였다. 아랫줄 오른쪽의 3명의 경우가 재미있다. 특히 가운데 친구는 가방이 2개 있었다고 한다. 가방 1개는 왼쪽 팔에, 가방 또 하나는 오른쪽 팔에 걸고, 마시고 있던 종이컵 커피는 입으로 물고, 정작 종이를 지지하는 구조물로써는 자기의 손바닥을 이용하였다.

이들 15명은 같은 공간에서 같은 과제를 수행하였고, 이를 위해 공간의 구조물들을 지각하고, 각자 나름대로의 의사결정을 하여 이를 행동으로 옮겼다. 이런 학생들의 행위는 달랐다. 자, 이젠 독자들 모두 우리 사람들이 다르다는 것에 동의할 것이다.

Creative Design Institute / Service Design Institute

CDI 연구소의 연구 분야를 설명하기 위해 (그림 1-3)을 만들었다. 그림의 왼쪽 아랫부분에 Consumer, 그 우측에 Designer, 그리고 다음에 Product/Service가 있다. 소비자들은 각각 생각하는 방식이 다 다르다. 이 소비자들이 사용자들인데, 사용자들은 심지어 같은 사용자라도, 그때그때마다 정서적 상태가 바뀐다. 고객들은 각각 사회적, 문화적 배경이 다 다르다. 소비자이건, 사용자이건, 고객이건, 제일 중요한 것은 이들이 사람이라는 것인데, 사람들은 각각 선호하는 라이프 스타일이 다르다. 이렇게 Everybody 다 다른 사람들이, 좋은 삶을 살기 위해 자연이 제공하는 것들 이외의 인공물을 사용한다. 인공물들은 어떤 것은 제품의 형태로, 어떤 것은 서비스의 형태로 제공된다. 사람이 사용하는 다양한 인공물인 제품 및 서비스는 디자이너에 의해 디자인된다. 그리고 디자이너들은 각각 생각하는 방식이 다르고, 정서상태가 다르고, 사회 문화 배경이 다르고, 또 전문성이 다르다. Every designer is different!

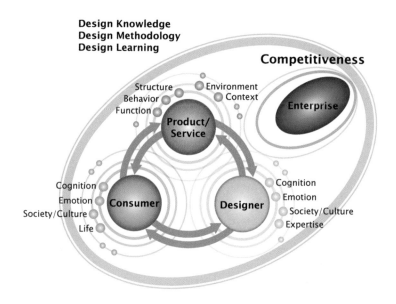

그림 1-3 소비자, 디자이너, 제품/서비스와 Creative Design Institute 미션

이렇게 다른 디자이너들이 협력하여 제품/서비스를 디자인한다. 소비자, 사용자, 고객, 그리고 사람들의 요구사항에 기반하여, 이들이 추구하는 가치를 제공하는 제품과 서비스를 디자인한다. 이렇게 Consumer, Designer, Product/Service 등은 상호작용을 한다. 이들에 관련된 연구와 교육을 수행하는 것이 CDI의 미션이다.

내가 해온 창의적설계추론 지적교육시스템 연구에서는 Everybody가 다른 디자이너에 대한 연구 및 교육이 핵심내용이었다면, 2008년부터 진행해온 서비스 디자인 연구 및 교육은 Everybody가 다른 사람을 위한 서비스를 새롭게 만드는 노력이라고 할 수 있다.

과연 서비스란 무엇인가, 제품과 어떻게 다른가? 서비스 디자인이란 어떤 것이고, 어떻게 해야 하나? 등에 대해 이제 얘기해본다. 본 저서에서 설명하는 서비스 디자인에 대한 내용은 2008년부터 지식경제부와 산업통상자원부의 지원으로 수행되어 온 서비스 디자인 관련 연구 및 2013년 설립되어 교육부의 특화전문인재양성사업의 지원을 받아온 성균관대 서비스융합디자인 대학원 협동과정(Service Design Institute,

SDI)(SDI, 13)에서의 서비스 디자인 교육 내용, 그리고 산업체와의 비즈니스 이노베이션 컨설팅 등을 기반으로 만들어진 내용이다.

3. 서비스 디자인

서비스

지, 이제 서비스의 정의를 살펴보자. 여러 정의가 있지만, 일반적으로 또한 비즈니스 이노베이션이라는 우리의 의도를 고려하여, 경영학 분야에서의 서비스의 정의를 채택한다(Kotler & Armstrong, 99). 서비스란 제공자가 수혜자에게 제공하는 행위(activity) 또는 혜택(benefit)으로, 일반적으로 소유형식 및 물리적인 형태를 갖지 않는다. 서비스의 제공은 물리적인 제품과 연계될 수도 있고, 그렇지 않을 수도 있다.

서비스 디자인

자, 이제 서비스 디자인이 무엇인지를 살펴보자. 우선 서비스 디자인의 정의를 살펴보자. 우선 국외 및 국내의 몇 가지 서비스 디자인 정의들을 리뷰하고, 이어 저자의 서비스 디자인 정의를 선언적으로 설명한다.

덴마크 Aalborg대학의 Moreli 교수는 2012년 Aalborg대학의 Copenhagen campus에 Service Systems Design이란 명칭의 석사학위 프로그램을 개설하였다. 이 프로그램에서 정의한 서비스 디자인이란 서비스의 품질, 서비스 고객(및 기타 관련자)의 경험 및 서비스 상호작용을 개선하기 위하여 관련자, 인프라, 소통 및 물리적 요소를 기획하고 구성하는 행위로서, 서비스(고객과) 제공자의 행위를 재조정하거나 서비스 전달 장소 및 시간 등을 재구성함을 포함한다(Aalborg Univ, 12). Stefan Moritz는 그의 2005년 석사학위 논문에서, 서비스 디자인은 고객에게 더욱 유용하고 매력적인 서비스를 제공하고 조직이 효율적이고 효과적으로 서비스를 제공할 수 있도록 기존의 서비스를 개선하거나 혁신하는 것이라고 정의하였다(Moritz, 2005). 또한 그는 서비스 디자인은 새로운 총체적 다학제 통합 분야(holistic multi-disciplinary integration field)라고 하였다. 영국의 Design Council은 서비스 디자인은 서비스를 유용하고 효율적이며 효과적이고 매력적으로 만드는 일이라고 정의하였다.

국내의 사례로, 2011년 설립된 한국 서비스디자인협의회는 서비스 디자인이란 고객이 서비스를 통해 경험하게 되는 모든 유·무형의 요소(사람, 사물, 행동, 정서, 공간, 커뮤니케이션, 도식 등) 및 모든 경로(프로세스, 시스템, 인터랙션, 정서로드맵 등)에 대해 고객 중심의 맥락적인(Contextual) 리서치 방법을 활용하여 이해관계자간의 잠재된 요구를 포착하고 이것을 창의적이고 다학제적·협력적인 디자인 방법을 통해 실체화(Embodiment)함으로써 고객 및 서비스 제공자에게 효과/효율적이며 매력적인 서비스 경험을 향상시키는 방법 및 분야를 의미한다는 엄청나게 긴 정의를 제시하였다(서비스디자인협의회, 11). 무언가 여러 정의들을 포함하려는 의도가 있으나, 정신없이 복잡한 정의이다.

김용세의 서비스 디자인 정의

2013년 저자가 설립한 성균관대 서비스 융합디자인 협동과정에서 사용하는 저자의 서비스 디자인의 구체정의는 다음과 같이 3단계로 체계적으로 정의되어 있다.

- 서비스 디자인이란 서비스 수혜자, 제공자 등 서비스에 연계된 다양한 관련자(stakeholder)의 행위(activity)를 디자인(즉, 새로이 창출하거나 변경)하는 것이다.

- 이들 행위는 행위를 수행하는 주행위자, 피행위자, 제3자 등의 행위관련자, 행위의 대상, 행위에 이용되는 도구, 그리고 행위동사로 표현되는 행위자체 및 행위 상황 등의 행위요소(activity elements)로 구성되어 있다. 따라서 행위의 디자인은 각 행위요소의 디자인을 포함한다.

- 행위 상황(context)은 행위의 목적, 행위에 관련된 사물의 구조, 행위 수행의 물리적 상황 및 행위 수행의 심리적 상황 등으로 구체 표현된다. 따라서, 행위요소인 행위 상황, 즉 이들의 구체 상황요소(context elements)의 디자인은 행위 디자인에 포함된다.

다른 논문 및 기관의 서비스 디자인 정의들은 단순하거나, 체계 없이 여러 개념을 묶어 놓은 것인 데에 반해, 상대적으로 저자와 성균관대 서비스융합디자인 협동과정의 정의는 행위에 집중하고, 이어 행위를 체계적으로 표현하는 방법으로 정의의 명확성과 확장성을 제공한다. 보다 구체적인 서비스 디자인이란 무엇이고, 어떠한 구체 과정으로 구성되며, 다른 관련된 행위들과 어떻게 연계되어 있는지 등은 이후에 구체적으로 설명한다.

4. 제품-서비스 융합디자인

제품-서비스 융합시대

이제는 제품-서비스 융합 시대이다. 아이팟 제품과 아이튠즈 서비스 융합으로 성공한 애플의 사례를 보았고, 비행기 엔진뿐 아니라 정비 서비스 및 엔진 고장진단 서비스를 아예 제품에 연계하여 엔진의 사용을 제공하는 롤스로이스의 사례도 보았다. 자전거 제품에 렌탈 서비스를 융합하여, 자전거를 소유하지 않아도 자전거를 이용하게 하는 서비스도 아주 많이 이용되고 있다. 이렇듯 인간의 삶을 풍요롭고 의미 있게 하기 위해 제공되는 인공물인 제품과 서비스의 경계가 의미 없어지는 상황이며, 기업의 관점은 소비자/사용자/고객의 근원적인 요구사항을 찾아내 이를 충족시키기 위하여 제품, 서비스의 구분 없이 총체적인 솔루션을 제공하기 위한 방향으로 이동해왔다. 그리고는 경쟁력의 핵심이 물리적인 사물인 제품에서부터 인간 본연의 가치에 깊이 연관된 서비스로 그 중심이 이동하고 있다. 제품-서비스 융합 사례들이 (그림 1-4)에서 보여진다. 위의 세 사례 이외에, 공중화장실 건조기 위생관리 시스템, 완구 청소 및 관리 시스템, 의류수거 시스템, ATM기기, 그린카 서비스, 및 DJ Mixing 시스템 등 제품-서비스 융합사례 등을 볼 수 있다. 1999년 네덜란드 정부 프로젝트의 보고서에서 제품-서비스 시스템(Product-Service System, PSS)이라는 표현으로 이러한 제품-서비스 융합 사례들을 정의하였다(Goedkoop *et al.*, 99).

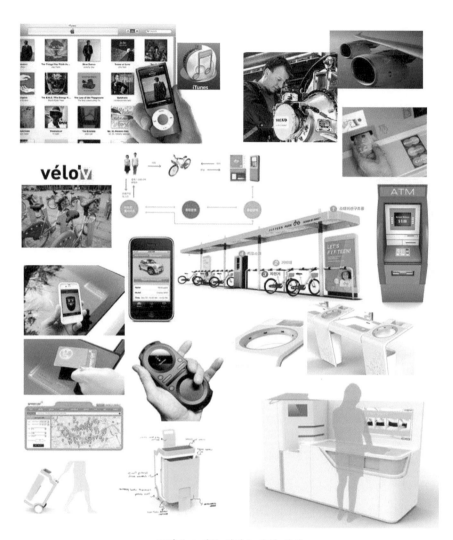

그림 1-4 제품-서비스 융합 사례

인간 가치 기반 혁신

서비스 융합을 통한 경쟁력 증진 등이 많은 관심을 받고 있는 상황에서, 왜 서비스가 중요하냐는 질문을 받는다면, 나는 너무도 뻔한 대답인 인간이 중요하기 때문이라고 답한다. 너무나 상투적인 대답이다. 그러나 인간 중심이라는 관점이 서비스의 핵심이며, 이를 이해해야만 제대로 된 서비스를 디자인할 수 있다.

여러 분야의 융합이 요즈음 많은 화두이다. 그러나 어찌보면 이것은 너무도 당연한 것이다. 왜냐하면, 제품과 서비스를 연계해 사용하는 인간 본연의 관심사는 이것의 기술적 관점, 인문사회적 관점 등을 구분하지 않고 인간 가치를 충족시키는 것 자체에 있기 때문이다. 인간을 중심으로 본다면 융합은 너무나 당연한 것이며, 아직까지의 기술 및 제품 개발 행태가 성숙되지 못하여 이 당연한 융합을 못해왔던 것이다.

Stanford 대학은 융합디자인의 선두주자이다. 기계공학과 Design Division의 융합디자인 분야가 지난 50여 년간의 다양한 융합관점 디자인의 연구 및 교육에 선도적인 역할을 해왔다. 이를 토대로 SAP 설립자인 Hasso Plattner의 지원으로 Hasso-Plattner Institute of Design이 설립되었다. Design Thinking을 소프트웨어를 포함하는 사회, 의료, 경영 등 다양한 분야와의 융합핵심으로 교육하는 과정으로 학위수여 프로그램이 아니라, 여러 전공의 학생들이 몇 개의 교과목을 수강하는 프로그램으로, D-School이란 애칭으로 널리 알려졌다. D-School이 제시하는 Innovation을 위한 융합은 (그림 1-5)에서 보는 바와 같이 기술과 경영관점이 인간가치를 기반으로 하여 융합되어야 함을 말해준다.

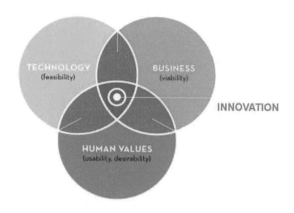

그림 1-5 인간가치 기반한 기술과 비즈니스의 융합(D-School, 05)

서비스 지배 논리

국내에서의 서비스 경쟁력 증진에 대한 관심은 최근 2007년경부터 서비스 산업분야의 일자리 창출 필요성이 강조되며 증폭되기 시작하였다. 2007년 지식경제부에 지식서비스과가 생겼고, 비즈니스 서비스, 유통물류, 이러닝, 디자인 등 분야의 성장동력화가 추진되어 왔다.

국제적으로는 2004년 발표된 Stephen Vargo의 서비스 지배 논리(Service-Dominant Logic)란 개념을 제안한 논문(Vargo & Lusch, 04; Lusch & Vargo, 06)이 마케팅 분야에서 수상하면서 2006년 전후로 서비스 지배 논리가 마케팅의 전략으로 이용되기 시작했다. 서비스 지배 논리의 핵심은 이전에는 제품 등 물질적 사물의 교환이 중심, 즉 Goods-Dominant Logic이 경쟁력의 핵심이었으나, 이제는 각 제품들의 경쟁력 및 이들의 기술력 등이 점점 평준화되어 감으로써, 고객 지향의 서비스가 경쟁력을 지배해야 한다는 관점이다.

모든 이노베이션에는 사이클이 있다. (그림 1-6)은 스위스 St. Gallen대학의 Gassman 교수의 비즈니스 모델 관련 자료에서 발췌한 것이다. 그림의 3시 방향에서 보이듯이, 한 기업이 기술적 이노베이션을 창출해냈다. 이 기업은 의기양양하고, 경쟁 기업은 놀라고 당황하게 되었다. 그런데 머지않아, 그림의 6시 방향에서 보이듯, 이 경쟁기업이 결국 모방하여 같은 기술을 갖게 된다. 이노베이션을 먼저 만들어낸 기업은 황당하게 된다. 그러면 이제부터는 소위 가격 경쟁으로 들어가, 두 기술 모두 싸구려로 전락하고 만다. 이러한 이노베이션 사이클은 어느 분야에나 있는데, 지금은 거의 대부분의 산업영역에서, 이 이노베이션 사이클이 점점 짧아지고 있다.

좀 억지지만, 독자들의 이해를 돕기 위해 빗대어 쉽게 설명한다면, 예전에 모든 사람들이 걸어서 다닐 때, 누군가가 자전거를 타고 빨리 가면, 모든 사람들이 이 사람을 부러워했을 것이다. 얼마 후 이젠 모든 사람들이 자전거를 타고 다니는데, 이번엔 또 어떤 사람이 자동차를 타고 더 빨리 가면 이 사람은 폼을 잡고, 다른 사람들은 이 사람을 부러워했을 것이다. 즉, Goods-Dominant Logic은 물건을 가진 사람이, 기술을 가진 기업이, 경쟁력을 발휘하던 때의 핵심논리이다. 그러나 지금은 웬만하면 대부분 사람들이 차를 타고 갈 수 있다. 즉, 웬만한 경쟁기업들이 서로 비슷한 기술력, 비슷한 제품 경쟁력을 갖고 있다. 따라서 Everybody가 다른 고객들의 다양한 요구

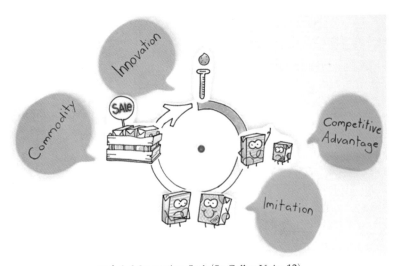

그림 1-6 Innovation Cycle(St. Gallen Univ, 13)

사항을 만족시키려면 서비스가 지배해야 한다는 얘기다.

서비스의 본질적 장점은?

그렇다면, 과연 서비스의 본질이 무엇이길래 제품에 의한 경쟁력이 지배하지 못할 때 고객을 만족시키는 힘을 갖고 있다는 말인가? 제조업의 혁신을 서비스 융합을 통해서 성취할 수 있다는데, 서비스가 어떤 특성을 갖고 있기에 이것이 가능한가? 서비스란 무엇인가?

요즈음 우리는 아주 많은 형태의 서비스를 접하고 있다. 제품과 융합된 다양한 서비스들이 많다. 디지털 기술을 활용하는 서비스들도 많다. 그런데 서비스를 이해하기 위해서는, 서비스의 본질적 특성을 이해하기 위해서는 아주 보편적인, 오래된 서비스들을 생각하는 것이 도움이 된다. 독자들은 각자 이런 서비스들을 2~3가지 나열해 보라. 그리고 서비스의 본질적 특성이 무엇일까 생각해보라.

이럴 때 나오는 대답 중 하나가, 고객을 만족시키는 것이라는 말이다. 또, 고객에게 가치를 주는 것이다. 고객에게 경험을 주는 것이다, 등등. 누군가가 목이 몹시 마르다. 이 사람에게 물을 주면, 목마름을 해소하여 만족할 것이다. 그러면 준 물이 서비스인가? 아니면 제품인가? 물은 물질, 즉 제품이지 서비스가 아니다. 우리는 서비스뿐 아니라, 물질 또는 제품을 통해서도 만족, 가치, 경험을 얻게 된다.

그러면, 서비스의 정의는 무엇일까? 서비스란 무엇일까? 쉽게 말해 서비스는 사람의 행위(Activity)이다. 특히 이 사람의 행위가 다른 사람에게 가치를 제공할 때, 이를 서비스라고 한다. 서비스에는 제공자와 수혜자가 있는 것이다. 제공자의 행위에 의해, 수혜자의 가치가 증진된다. 제공자와 수혜자가 같은 특별한 경우를 우리는 셀프 서비스라고 한다.

오래된 서비스 중 하나가 마사지 서비스이다. 어깨를 다쳐 마사지를 받으러 가서, 여기가 아프니 마사지를 해달라고 고객이 요청한다. 마사지사가 그 부분을 마사지를 해주는데, 고객은 아니 조금 더 위요, 조금 뒤요 하면, 마사지사는 이런 요구를 받아들여 고객의 니즈에 맞추어진 마사지 서비스를 제공한다.

바로 이런 맞춤화가 서비스의 본질적 특징이라 할 수 있다. 서비스 수혜지와 제공자의 밀접한 상호작용을 통해, 제공자의 세세한 맞춤화된 행위가 수혜자의 가치를 증진시킨다. 이러한 수준의 맞춤화는 제품을 통해 제공되기는 쉽지 않다. 사람의 행위이기에 가능하다. 경우에 따라서는 사람의 행위를 모방하는 ICT기술을 통해 이런 맞춤화가 가능해지기도 한다. 내가 10여 년 전에 연구, 개발한 지적교육시스템이 바로 이러한 맞춤화 서비스의 대표적인 예이다.

5. 가치 모델링

E3 Value 개념

앞서 Stanford 대학의 D-School의 관점으로, 인간가치를 기반으로 기술과 비즈니스가 융합되어 이노베이션을 창출한다고 소개했다. 과연 가치란 어떤 것들인가? 서비스 지배 논리와 함께 서비스 디자인의 핵심적 기반을 이루도록 하는 기반 개념으로 저자는 E3 Value 개념을 제안하였다(Cho *et al.*, 10). 영문으로 E로 시작하는 세 가지 종류의 가치란 의미의 E3 Value 개념인 것이다.

약 20년 전 네덜란드 정부의 경제부처와 환경부처가 공동으로 의뢰한 프로젝트를 컨설팅회사인 Price Waterhouse Coopers가 수행하였다. 처음으로 Product-Service System을 정의하고 소개한 프로젝트이다. 이 프로젝트 보고서에서 Economical Value(경제적 가치)와 Ecological Value(환경적 가치)로 구성된 E2 Value 개념을 제안하였다. Economical Value를 증진시키는 것만이 개선이 아니라, 환경에 미치는 부담을 줄여서 Ecological Value를 증진시키는 것도 중요한 개선이란 개념이다 (Goedkoop *et al.*, 1999). 약 20년 전 유럽에서 제안된 가치의 관점으로 중요한 경제적, 사회적 의미를 갖는다. 유럽에 비해 상대적으로 우리나라의 경우 환경적 가치의 구현를 위한 산업 및 사회 전반적 인식은 크게 개선되어야만 한다.

저자는 그러나, 2010년 이후 아이폰 등의 혁신적 제품-서비스 융합 사례의 등장 등으로 새로운 가치의 개념인 Experience Value(경험 가치)가 소비자들에게 핵심적으로 중요하므로, 이제는 Experience Value가 추가된 E3 Value 개념이 필요하다고 주장해왔다(그림 1-7).

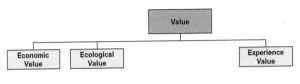

그림 1-7 E3 Value 개념

경험 가치

이제는 E3 Value 개념을 기반으로 새로운 제품과 서비스를 기획, 디자인, 제공하여야 한다. 여기서 핵심은 Experience Value, 경험 가치이다. Pine과 Gilmore는 경험이 상품이 된다는 경험경제(Experience Economy)를 얘기했다(Pine & Gilmore, 98). 많은 소비자들이 아이폰은 기능뿐만 아니라 좋은 사용자 경험(User Expereicne, UX)을 제공한다고 흔히들 말한다. 여기의 UX에서 사실은 User란 개념 자체가 제품 관점에서 인간을 제품의 사용자로 보는 시각이므로, User가 아닌 인간 본연의 경험, 즉 Human Experience의 개념으로 수정하여 보아야 한다.

아이폰의 성공신화를 만들어낸 애플이라는 회사는 아마 이 경험가치의 중요성을 이미 알고, 이를 제공하는 제품-서비스 융합을 소비자에게 제공한 경우일 것으로 생각하게 한다. 과연 애플 경쟁사들의 경우는 어떠할까? 지금 몇몇 제품에 대하여 매출 경쟁력으로 설명이 가능한 사례를 갖고 있다 하더라도, 기업들은 지속적으로 과연 인간의 경험가치가 어떤 내용을 핵심으로 삼고, 어떻게 변화해 가는지를 이해하기 위한 근원적 노력을 심화, 확장하여야 한다. 이를 위해 저자는 가치에 관련된 문헌자료 등을 종합하여 경험가치의 체계를 제시하여, 제품 및 서비스 디자인의 방향을 제시하는 핵심자료로 사용하도록 제안했다.

경험가치는 크게 외형적으로 나타나 객관적 평가 등이 비교적 용이한 외재적 가치(Extrinsic Value)와, 내면적이고 가치발현 당사자들의 주관적 성격으로 좀 더 근원적인 내재적 가치(Intrinsic Value)로 나눌 수 있다(그림 1-8). 이는 Holbrook의 소비자 가치의 관점(Holbrook, 1991)으로부터 영향받은 분류이다.

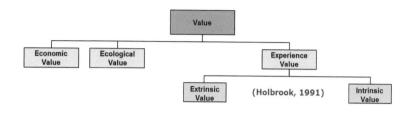

그림 1-8 경험가치 - 외재적 가치, 내재적 가치

경험 가치는 또다시 기능적 가치(Functional Value), 사회적 가치(Social Value), 정서적 가치(Emotional Value) 및 학습적 가치(Epistemic Value) 등으로 분류된다(그림 1-9). 이는 Sheth 등의 가치 역할의 설명(Sheth *et al.*, 1991)을 변형하여 반영한 것이다.

기능적 가치는 제품 및 서비스의 사용 시 얻어지는 외재적인 가치로, 수월성, 효율성, 신뢰성, 편리성, 안전성, 내구성 등이 있다. 예를 들어, 두 회사의 포인터를 비교하는데, 배터리 사용 효율성 관점에서 같은 배터리를 넣고, 두 포인터를 계속해서 동시에 눌러가며 어느 것이 더 오래 지속되는지를 테스트할 수 있다. 이런 경우, 객관적으로 누구나 알 수 있게 평가할 수 있다. 이는 기능적 가치이고, 바로 이런 것이 외재적인 것이다. 일반적으로, 기능적 가치들은 제품의 사용자, 디자이너들이 잘 이해하고 인지하는 가치들이다.

사회적 가치는 외재적인 성격의 경우와 내재적인 경우가 있다. 최근 사회, 경제적으로 또 경험적으로 많은 사람에게 영향을 주는 대표적인 외재적 가치로 Connectedness 를 들 수 있다. 불과 몇 년 전만 해도 이와 같은 사회적 가치가 크게 부각되지 않았으

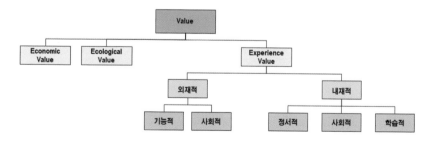

그림 1-9 E3 Value 분류 체계

나, 서비스 및 관련 비즈니스의 출현으로 많은 사람들의 핵심적 가치가 된 경우이다. 규칙, 프라이버시 등이 대표적인 외재적·사회적 가치이다. 반면 누구를 존경한다는 가치는 자기만이 아는 내재적 성격의 사회적 가치이다.

정서적 가치는 Design & Emotion이란 표현 등 디자인과 밀접한 대표적인 내면적 가치이다. 사실 Emotion이란 영어 단어는 감정, 혹은 감성 등으로 번역되기도 한다. 우리는 정서라는 표현을 쓰기로 한다. 정서적 가치는 때로는 아주 쉽게 이해되기도 하지만, 보다 더 깊숙한 설명을 필요로 하여, 잠시 뒤에 더 설명하기로 한다.

학습적 가치는 지식이라는 의미의 Epistemic Value로 표현되는 가치이다. 학습적 가치의 대표적인 예로 새로움(Novelty)이 있다. 새로운 곳을 가본다든지, 새로 나온 스마트 기기 등을 접할 때 새로움 자체가 가치로 제공된다. 어제보다 오늘이 더 나아지고, 오늘보다 내일이 더 좋아질 것을 원하는 가치(Evolution)도 새로움과 연계된 학습적 가치 중 하나이다. 무언가 배우고 있다는 것 자체가 주는 가치(Learning), 실제로 지식을 갖는 가치(Knowledge), 호기심(Curiosity), 다양성(Diversity) 등이 학습적 가치에 포함된다.

정서적 경험 가치

내재적 경험가치 중 디자인 분야와 전통적으로 연계가 많이 있는 정서 경험은 특히 보다 많은 설명을 필요로 한다. Holbrook의 Active/Reactive 관점을 이용하여 정서적 가치를 Active Emotion(능동적 정서)과 Reactive Emotion(반응적 정서)으로 분류한다. 우리가 꽃을 보고 예쁘다는 정서적 가치를 갖게 되거나, 더러운 것을 보고 기분 나빠하는 정서적 가치를 갖게 되는 경우는 정서를 발현해내는 인간의 주도적인 역할보다는 외부로부터의 자극이 지배적인 역할을 하여 이에 대한 반응적 정서를 발현시키는 경우이다. 이러한 정서적가치를 반응적 정서라고 분류한다. 상대적으로 정서 발현 주체인 자기 자신이 보다 적극적인 역할을 하는 정서를 능동적 정서로 분류한다(그림 1-10).

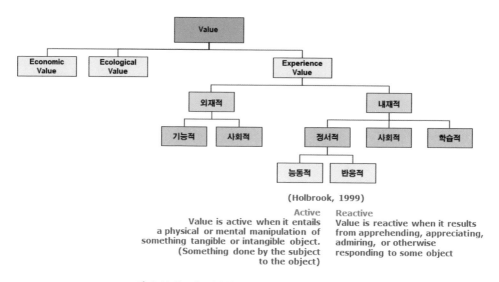

(Holbrook, 1999)

Active
Value is active when it entails a physical or mental manipulation of something tangible or intangible object. (Something done by the subject to the object)

Reactive
Value is reactive when it results from apprehending, appreciating, admiring, or otherwise responding to some object

그림 1-10 Emotional Value - Active, Reactive

정서 발현과정을 연구해온 스위스의 심리학자 Scherer는 (그림 1-11)에서 보듯이 (Scherer, 04; Scherer, 05) 위의 능동적, 반응적 정서를 각각 실용적(Utilitarian) 정서와 심미적(Aethetic) 정서로 분류하였다. Scherer에 따르면 온갖 종류의 looks good, sounds good, feels good, touches good, smells good 등의 심미적 정서는 반응적 정서로 이들의 정서 발현 과정은 능동적 정서의 경우보다 짧게 일어나고, 또 빨리 잊

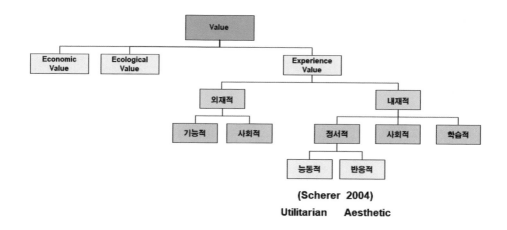

그림 1-11 Emotional Value - Utilitarian, Aesthetic

혀진다는 것이다. 예를 들어, 본인도 모르게 누군가가 달콤한 사탕을 나의 입속에 넣어주면, '아 달다'하는 정서가 곧 발현되는데 이런 경우가 반응적 정서 발현의 사례이다. 능동적 정서의 경우 상대적으로 정서 발현 주체의 의도가 보다 많이 반영되고, 상대적으로 천천히 정서가 발현되며, 이 경우 더 오래 기억하게 된다고 한다. 따라서, 고객의 정서적 가치를 사로잡으려면 반응적, 심미적 정서보다는 능동적, 실용적 정서를 사로잡는 것이 제품 및 서비스 디자인에 더욱 효율적인 전략이라 할 수 있다. 다음에는 대표적인 능동적 정서 항목을 소개한다.

능동적 정서 경험 가치

대표적인 능동적 정서로 기쁨(喜, happiness), 화남(怒, anger), 슬픔(哀, sadness), 재미(樂, fun) 등을 들 수 있다. 또한 사랑(愛, love)도 능동적 정서이다. 이들의 능동적 정서는 정서 발현자가 의도하여 받아들이지 않고는 만들어지지 않는 정서임을 쉽게 알 수 있다. 평안함(relieved)도 능동적 정서이다. 비슷한 표현인 편안함(comfort)은 반응적 정서로, 또 편리함(convenience)은 기능적 가치로 분류한다. 성취감(achievement)도 대표적인 능동적 정서의 예이다.

사용하는 제품을 사용자의 의도대로 조종할 힘을 갖고 있다는 생각(control/power)도 대표적인 능동적 정서 가치이다. 예를 들어, 자동차 에어콘 바람방향 조종장치의 조종기능, 즉 control 기능을 없애고 여러 방향으로 찬바람이 골고루 나오게 한다면, 아주 더운 날 자신의 가장 더운 부위에 찬바람을 다 모아 쐬고자 하거나, 아주 추운 날 추운 부위에 따뜻한 바람을 다 모아 쐬고자 하는 소비자의 능동적 정서 가치를 빼앗아가는 셈이 된다. 소비자들은 제품 및 서비스를 더욱더 control하려 하지, control 당함을 더 이상 용인하지 않으려고 한다. 믿음(trust)도 능동적 정서이다. 의료서비스를 제공하는 의사를 믿는다는 정서가치를 받고자 하는 의도가 유명 병원 및 의사에게 진료를 받고자 하는 서비스 수혜자인 행태로 나오게 된다.

능동적 정서가치 제공 서비스 디자인 사례

동네의원 등 대부분 국내외 1차 의료서비스 기관에서 환자 서비스 수혜자들의 가장 대표적인 불만사항이 많이 기다려야 한다는 점이다. 의료서비스의 특성상 서비스 공급이 서비스 수요에 비해 부족하며 또한 제공자가 보다 더 많은 control을 갖게 되는 서비스 케이스이다. 이와 같이 환자가 기다려야 하는 상황은 환자로서 control이라는 능동적 정서가치를 누리지 못하게 한다. 서비스 디자인을 통해, 서비스 수혜자에게 이러한 control 능동적 정서가치를 제공해준 사례를 소개한다. 성균관대 CDI 연구소 서비스 디자인팀은 서울시 동네병원을 위한 서비스 디자인 과제의 일환으로 기다림 포인트 서비스를 개발하였다.

기다림 포인트 서비스가 디자인되기 이전의 As-is 시나리오를 보자. IT회사의 신입사원인 K씨는 갑자기 회사에서 복통으로 의원 진료를 받아야 하는 문제가 발생했다. 그러나 이날은 회사에 급한 일이 많은 날이라, 회사에서 딱 1시간 만에 업무 복귀한다는 조건으로 근처 의원에 왔다. 그런데 (그림 1-12)에서 보는 바와 같이 이미 약 8~9명의 환자가 진료를 위해 기다리는 상황이다. 이미 이동에 15분을 썼고 20분 만에 진료를 마쳐야 정해진 시간에 회사 복귀가 가능하나 새치기를 하지 않고는 도저히 시간이 부족하다. 복귀시간에 늦으면 아마 해고당할 것 같으나, K씨는 이와 같은 기다려야 함을 control할 수가 없다.

기다림 포인트 서비스 사용 시나리오는 다음과 같다. 개인 식별 장치와 시간 관리 서비스 등으로 구성된 기다림 포인트 서비스 시스템은 이와 같은 경우 각 환자의 기다

그림 1-12 기다림 포인트 서비스 사용 시나리오 As-is

리는 시간을 의원의 환자등록 시점에서 의사의 진료실에 입실할 때까지의 정확한 시간을 측정하고, 각 환자의 진료이력상황에서 이전에 기다린 모든 시간을 정확히 계산하여 포인트로 관리한다. 이러한 기다림 포인트가 일정수준 이상인 환자는 기다림 포인트를 사용하여 합법적인 새치기를 허락해준다. (그림 1-13)에서 보는 바와 같이 포인트를 사용하여 다음 다음번의 대기환자가 된다. 이때 앞서 기다리고 있던 환자들도 모두 기다림 포인트 서비스 가입자들로서, 오늘은 조금 더 기다릴 수 있어 양보하며 자신들의 기다림 포인트에 추가 포인트를 받게 되고, 만일 후에 이들도 K씨처럼 급한 상황이 되면 기다림 포인트를 이용하여 새치기를 할 수 있음을 알고 있으므로, K씨의 포인트 사용 새치기를 용인해준다. 즉 모든 환자들이 함께 co-create하는 control이라는 능동적 정서가치가 제공되는 것이다.

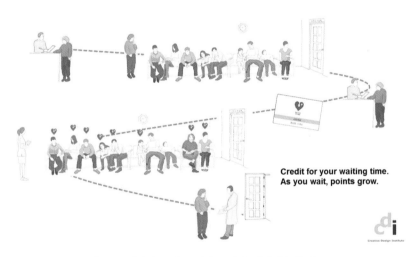

Credit for your waiting time.
As you wait, points grow.

그림 1-13 기다림 포인트 서비스 사용 시나리오 To-be

E3 Value 찾기

서비스 디자인 과정의 가장 중요한 단계는 바로 해당 서비스 과제의 관련자들의 E3 Value 구체 항목을 찾아내는 과정이다. 이를 위해서는 관련자 인터뷰 및 관련자 관찰 등 다양한 리서치 방법이 이용된다. 대표적인 Experience Value의 구체 항목들의 예들을 (그림 1-14)에서 보여준다.

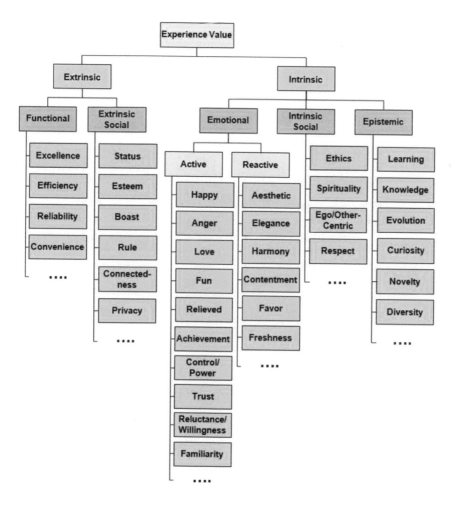

그림 1-14 Experience Value의 구체 항목들의 사례

6. 디자인이란

Design이란 무엇일까? 과연 어떤 내용과 절차로 진행되는 것일까? 그런데 디자인이란 무엇인가? 설계란 무엇인가? 영어에서는 한 단어 Design인데, 한국어로 번역될 때는 어떤 때에는 디자인, 어떤 경우에는 설계로 번역되는 우리나라의 특이한 상황은 또 왜 생겼나? (김용세, 09)

한국의 대표적 제품디자이너인 이노디자인의 김영세 대표의 Design에 관련된 표현을 재조명해 본다(김영세, 01; 김영세, 05). "Design이란 emotional logic이다": 서로 정반대일 것 같은 감정과 논리의 결합이 Design에 필요하고, 때로는 논리적인 시각이 필요하며, 때로는 감정이 풍부하게 적용되어야 한다는 의미이다. Design은 실생활의 니즈를 이해하는 데서 시작한다. 그리고 소비자의 니즈는 끊임 없이 변화하기 때문에 이를 예측하는 안목이 디자이너의 주요 능력 중 하나이며, 이를 위해 영감을 잘 떠오르게 하는, 즉 창의적인 아이디어를 창출해내기 위한 방법의 교육이 필요하다. 풍부한 상상력이 필요하며, 생각한 아이디어를 시각화하는 능력이 중요하다.

제품의 스타일을 아름답게 만드는 Design as styling도 중요하며, 여러 가지의 변화를 만들어내는 것이 디자인이기도 하다. 기존의 방법을 개선하는 능력, 기존의 기능을 연계하거나, 새로운 기능을 창출하는 능력, 사고의 전환 능력, 타협하고 조율하는 능력, 자신의 생각을 전달하는 능력, 그래서 문제의 해결책을 제공하여 소비자를 즐겁게 하는 능력들을 필요로 한다. 이러한 능력들이 함께 적용되어 Design as Innovation으로 발전하게 되는 것이다.

Design Studies 논문집의 편집자인 Nigel Cross는 좁은 의미에서의 Design이란 자연으로 얻어지지 않고 만들어내는 물건, 즉 인공물을 묘사하는 과정이라고 설명했다(Cross, 2000). 그리고, 이러한 인공물의 범위 및 의미는 인간의 욕구가 다양해지고, 섬세해짐에 따라 계속 발전하고 변화한다고 했다.

과연 디자인과 설계는 서로 다른가? 본래 영어에서는 한 단어인 Design인데, 그리고 위의 두 시각의 설명은 서로 다 상호 적용이 되는데, 왜 한국어로 번역되는 과정에서 마치 다른 것을 의미하는 말인 것처럼 설명되는 것인지. 사실 설계는 한자어이고, 디자인은 외래어 표현인 것인데, 우리나라 학계 등에서는 무슨 무슨 디자인학과와 무슨 무슨 분야의 설계라고 분리하여 다루어오고 있었다. 아마도 이는 Design의 본질이 아닌, 주변상황이 만들어낸 Extrinsic 현상이라고 할 수 있다.

물론 Design 대상에 따라, product design, architectural design, mechanical design, interface design 등등 분야의 전문성을 반영하는 구체 영역이 만들어지는 것은 당연한 일이다. 그러나 이들 다양한 Design에서의 공통 기반이 되는 부분이 있으며, 이를 위한 Designer의 기본 소양을 배양하는 것이 Design 교육의 중요한 핵심이다(김용세, 2009).

융합디자인

저자는 2000년 한국에 귀국한 이후 융합디자인이란 용어를 사용하며 강조해왔다. 새로운 제품과 서비스를 기획하고, 이들의 개념을 디자인하고, 이를 구현하는 설계를 하는 과정을 통합하여 "융합디자인"으로 표현한다. 2013년 설립된 성균관대의 협동과정 명칭도 "서비스 융합디자인" 협동과정이다. 교수진은 기계공학과, 산업공학과, 소비자학과, 경영학과, 디자인학과 등 다양한 학과의 교수들이 함께 협력하여 구성되었다(SDI, 13; Kim et al., 13b).

전통적 디자인개념은 외관상의 심미성을 중시, 결과물의 유형에 따른 디자인분류를 채택하였다. 예로 우리나라 산업디자인진흥법상의 디자인 분류는 제품디자인, 시각디자인, 환경디자인, 포장디자인 등으로 분류한다. 종래의 디자인 대상에 따른 분류 관점으로부터 변화하여 이제는 인간과 사회의 필요성에 기반한 분류 관점으로 바뀌어가고 있다. (그림 1-15)에서 보는 것처럼, Design for Service, Design for Experience, Design for Emotion 등등의 전문성 등이 중요해진다. 따라서 장기적인

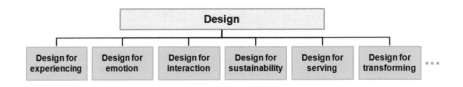

그림 1-15 최근 디자인 분류

시각과 넓은 의미의 이슈를 다루는 방향으로 디자인 현업의 관점이 변화해가고 있다(Sanders & Stappers, 2008). 이와 같이 디자인 대상, 디자인 방법 및 디자이너에 대한 시각이 변화하고 있으며, 따라서 디자인 교육의 혁신이 필요하다.

디자인을 넘어선 디자인

디자인을 넘어선 디자인은 2008년 조선일보의 디자인 리더 미국 IDEO 방문기사의 헤드라인이었다(조선일보, 08). 기사의 헤드라인에 반영된 기사내용의 핵심은 "P&G도, MS도, 삼성도, SKT도 모두가 찾아가는 곳"인 세계최고의 디자인 전문기업인 미국 IDEO를 기자가 방문하면서, IDEO에 가면 디자이너를 많이 만나겠구나 생각하고 갔으나 정작 만난 IDEO의 전문가들은 기자의 종래관념의 디자이너가 아닌 사람들을 만나고 왔다는 의미있는 표현을 하고 있다. 구체적으로, "디자이너를 만나러 갔다가 인류학자를 만나고 왔다" 및 IDEO의 디자인 결과물은 "역사학, 건축학, 엔지니어링 전공자들이 머리와 가슴으로 만든 명품"이다. "예쁘게만 보이는 디자인은 더 이상 디자인이 아니다"라는 표현 등으로, 이 IDEO기업의 강점은 기존의 국내의 대표적 시각인 Styling을 주로 하는 디자인능력이 아니라, 다분야 융합에 의한 문제해결능력, 즉 Design as Innovation 능력이 이 디자인 기업의 강점이더라 하는 내용이다.

즉, 국내에서 "디자인"이라는 표현으로 미술대학 등에서 교육되는 Styling 또는 조형을 주로 하는 능력으로 이해되는 능력이 다양한 기업의 경쟁력을 지원하는 핵심이 아니라, 보다 광범위한 의미의 Design이 핵심이라는 의미이다. 결국 다분야 융합에 의한 Design이 중요하다는 이야기이다. 국내의 디자인에 대한 시각이 보다 폭넓은 의미의 Design에 대한 시각으로 바뀌어야 한다는 의미이다.

디자인의 가장 중요한 단계는 디자인 문제의 이해단계이다. 해결해야 하는 문제가 과연 무엇인지를 파악하기 위한 노력이 실상 디자인의 성공의 열쇠가 되는 경우가 많다. 그런데, 이런 문제는 더욱 근본적으로 과연 이 디자인 대상 인공물의 사용자, 그 제품 또는 서비스를 구매하는 소비자가 과연 무엇을 원하는지를 파악해야 이해가 되는 것이다. 결국 인간을 중심으로 문제의 다양한 상황을 이해하여야 한다. 과연 소비자 입장에서의 어떤 가치가 이 인공물과 깊게 연계되어 있는지, 사용자가 이 인공물을 사용할 때 과연 편리하고 안전하게 사용할 수 있는지, 사용자는 이 인공물을 사용하는 과정에서 어떠한 정서적 반응을 하게 되는지 등의 소비자와 사용자의 관점을 이해하는 능력이 바로 디자인 능력의 기반 핵심이 된다(김용세, 09).

우리 인간은 자연이 만든 물체와 인공물이 공존하는 환경에서 다른 인간들과 사회생활을 하며 삶을 영위하고 있다. 이 과정에 있어 인간의 마음은 가장 중요한 역할을 한다. 사회 생활에서 파트너와 상호작용을 하듯이, 인간은 인공물과도 상호작용을 한다. 인공물과의 상호작용 또한 중요한 인간의 활동이며, 이에도 인간의 마음이 핵심적 역할을 한다. 이러한 인공물이 인간의 삶에서 인간의 마음과 몸과의 상호작용 역할을 제대로 하게 만드는 일이 바로 디자이너의 역할인 것이다. 그리고 디자이너는 인공물인 제품과 서비스를 통해 소비자/사용자와 소통하게 되는 것이다.

앞서 CDI 연구소의 미션에 대한 설명을 할 때의 그림을 다시 한 번 보자(그림 1-16). 인공물인 제품/서비스는 기능(Function), 성질(Behavior), 구조/형상(Structure)을 갖고 있으며 이들이 사용되는 환경(Environment)과 상황(Context) 또한 이들의 중요 구성요소라고 할 수 있다. 소비자들은 각각 다른 생각(Cognition)을 하고, 또 같은 소비자도 때에 따라 감정(Emotion)이 바뀌고, 또 다양한 사회(Society), 문화(Culture)적 배경을 가진 여러 소비자들을 고려하여야 하며, 이들의 다양한 생활(Life)패턴 특성도 반영하여 제품/서비스를 디자인해야 한다. 인간과 공존하는 제품/서비스를 창출하는 디자이너도 각각 인지성향이 다르며, 때에 따라 감정이 바뀌고, 사회·문화 배경

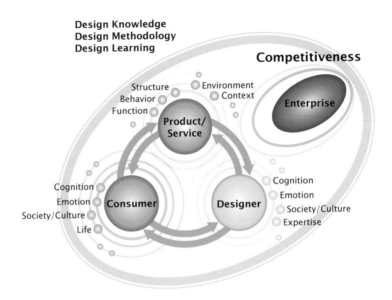

그림 1-16 소비자, 제품/서비스, 디자이너 상호작용

이 다르며, 또 기술적 전문성도 다양하다. 이러한 다양한 요소를 갖고 있는 소비자, 디자이너, 제품/서비스의 성공적인 상호적 순환과정은 design ideation의 Seeing, Imagining, Drawing의 3단계의 연계(McKim, 72)처럼 밀접히 연계되어 진행되는 것이다. 모든 가치와 디자인 문제의 시작은 Seeing단계의 소비자에서 시작되어, 디자이너의 Imagining에 의해 창출되어 제품/서비스로 표현되고 만들어지는 것이다. 이런 시각에서 서비스 디자인이란 무엇인지를 살펴보자.

7. 서비스 디자인이란

이제 폭넓은 의미의 디자인, 또는 융합디자인, 관점을 갖고 서비스 디자인이 무엇인지를 구체적으로 이야기해보자. 2009년 우리나라에 서비스 디자인 개념이 처음 소개되던 때의 일화이다. 지식경제부 주최의 제1회 서비스R&D 국제 컨퍼런스의 기조연설자로 2명이 초청되었다. 1명은 학계에서 서비스 지배 논리로 유명해진 Vargo 교수, 1명은 산업계에서 세계적으로 가장 성공한 지식서비스 기업의 대표가 초청되었다. 앞서 디자인을 넘어선 Design이란 기사에 소개되었던 IDEO가 가장 성공적인 지식서비스 기업으로 결정되었고, 당시 암투병중이던 IDEO 설립자인 Stanford대학 기계공학과 David Kelly 교수를 대신하여 IDEO의 2인자인 Bill Moggridge 공동설립자가 초청되었다. Bill Moggridge의 직접 호스트역할을 했던 저자는 IDEO의 서비스 디자인 사례 등을 소개해달라고 부탁했다.

당시 일부에서는 서비스라는 무형적 개념의 디자인이란 표현에 익숙지 않은 상황이었다. 이들에게 서비스 디자인의 핵심을 이해하기에 가장 적절한 사례로 Bill Moggridge가 설명한 사례는 Red Cross의 의뢰를 받아 진행한 헌혈시스템 관련 사례이다. Red Cross는 IDEO에게 이동식 헌혈 시스템 전반의 제품 및 커뮤니케이션 디자인을 의뢰하였고, IDEO는 (그림 1-17)에서 보는 바와 같은 다양한 헌혈관련 물품의 통합적 디자인을 수행하였다. 그 외에 의뢰 받지는 않았으나, 헌혈 기부자들의 지속적인 헌혈기부를 도울 목적으로 "Why I give"라는 작은 서비스 디자인을 제공하였다(Moggride, 09).

Why I give: IDEO는 이미 남을 위해 좋은 일, 그것도 우리에게 가장 소중한 자신의 피를 기부하는 헌혈자들이 왜 헌혈기부를 하게 되었는지에 대한 자신들의 스토리를 작은 노트패드에 적고 이들을 타인들이 볼 수 있도록 사진과 함께 부착하게 하는 행위를 새로이 디자인했다. 이미 남을 위한 일을 함에 뿌듯함/자긍심(pride)이라는 능동적 정서가치를 갖고 있는 헌혈자들이지만, 이 정서가치를 겉으로 드러내지 않고 있었다. 이 정서가치를 구체적으로 확인하고 강화하도록 헌혈자들이 아직까지

그림 1-17 IDEO의 서비스 디자인 사례(Moggridge, 09)

헌혈과정 행위 중에 없던 새로운 행위를 하도록 창출한 것이다. 이것이 바로 서비스 디자인이다.

서비스 디자인이란 행위디자인이다. 서비스 디자인이란 관련자의 가치를 제공하기 위하여 새로운 행위를 창출하거나, 기존의 행위를 변경하는 것이다. 즉, 서비스 디자인은 바로 행위(activity) 디자인이다.

8. 서비스 디자인 프로세스

서비스 디자인 과정은 해당 서비스 및 관련 제품의 소비자 등 연관된 여러 관련자들의 가치를 E3 Value Concept에 기반하여 다양한 관점에서 규명하고, 이들 가치를 드라이브할 서비스 행위를 디자인하고, 이들 행위를 수행하는 서비스 제공자와 수혜자의 서비스 상호작용을 디자인하고, 경우에 따라 상호작용에 이용되는 수단인 터치포인트를 디자인하고, 이에 의해 변해가는 관련자들의 경험을 평가하여 이 결과가 지속적으로 바람직한 가치로 선순환하도록 관리하는 과정으로 진행된다. 저자의 서비스 디자인 과정은 (그림 1-18)에서 보는 바와 같이, (1) 사회, 문화, 기술, 환경, 비즈니스 등 다양한 관점의 가치모델링, (2) 서비스 수혜자와 제공자 등 각 관련자의 구체적 행위디자인, (3) 서비스 상호작용과 터치포인트 디자인 그리고 (4) 다양한 경험가치와 행위가 연계된 관련자 경험의 지속적 평가 및 관리 등 네 가지 핵심단계의 유기적 연계로 진행된다.

서비스 디자인의 핵심단계를 모두 의미 있게 포함하는 구체적 사례가 아직 국내에는 많이 부족한 현실이다. 예를 들어, 특정 서비스에 이용되는 커뮤니케이션 방법의 개선을 서비스 디자인이라 하는 경우가 있었다. 또는 제품 사용자의 조사 등에 있어서 서비스 디자인에서 대표적으로 이용되는 방법을 적용한 사례들도 서비스 디자인 사례라고 얘기하는 경우도 있었다. 서비스에 이용되는 가구, 인테리어 디자인이 주요내용인 프로젝트도 서비스 디자인의 사례로 간주되는 경우도 있다. 이런 경우 해당 방

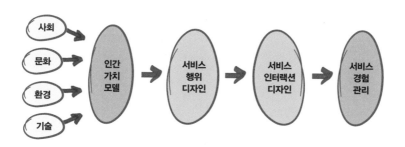

그림 1-18 서비스 디자인 과정

법들의 적용관점을 이해하고, 익히는 데 도움을 줌으로 인해 서비스 디자인에 필요한 능력을 기르는 효과를 주는 의미가 있기는 하다. 그러나 엄밀한 의미의 서비스 디자인 사례로서는 부족한 면이 있다고 할 수 있다.

9. 제조업 서비스화의 필요성

제조업 환경의 급속한 변화

최근 들어 전세계 제조업의 비중이 감소하는 추이를 보이고 있다. 전세계 제조업의 상황과 비슷하게 그동안 한국경제의 성장을 견인해 온 제조업의 생산 증가율도 둔화되는 모습을 보이고 있다. 이러한 현상은 다음과 같은 이유로 발생된 것으로 보인다.

먼저, 제조기업간의 기술격차가 감소하고 있다. 기술의 평준화에 따른 후발기업의 빠른 선진기업 추격으로 제조업체간 품질과 기능의 차별성이 모호해지고 있다. 개발도상국 후발업체들도 글로벌 아웃소싱을 통해 단기간 내에 동등한 수준의 제품생산이 가능하게 되었다. 기술격차의 감소는 제조사별, 시장별 품질의 차이가 적어지면서 제품의 일상재화화를 가속시켜 제조기업들로 하여금 하드웨어 차별화의 한계라는 리스크에 직면하게 만든다.

또한 산업간 경계를 넘어 경쟁이 가속화되고 있다. 동일 산업 내 경쟁을 넘어 이종사업과의 경쟁까지 심화되면서 제조기업들의 압박이 과거와 비교할 수 없을 정도로 심화되고 있는 것이다. 예를 들어 스마트폰의 등장으로 전혀 다른 전자업종이었던 디지털 카메라, 네비게이션, MP3 플레이어가 퇴조되어 버린 것과 같은 예가 이에 해당한다.

그리고 기술의 발달로 제품의 수명주기가 점점 짧아지고 있다. 생산시간의 단축은 제조기업들에게 신제품을 지속적으로 개발하지 않으면 도태될 수도 있다는 위협을 주고 있다. 기업 이익의 대부분이 신제품에서 창출되고 있는 현상과 같이, 단축되고 있는 제품개발주기는 기업들에게 부담을 가중시킬 수밖에 없다.

제조업에서의 비즈니스 이노베이션 필요성

그렇다면 성장의 한계를 보이고 있는 제조기업들의 해결책은 무엇인가? 제조기업들은 기술중심에서 인간중심으로 변화하는 메가트렌드와 산업간 융합의 흐름, 그리고 이에 의한 비즈니스 에코시스템의 변화에 주목할 필요가 있다(김용세 외, 14b).

메가트렌드의 변화

과거와는 달리 소비자들의 역할 패러다임이 바뀌고 있다. 과거 소비자들은 기업이 제공하는 제품들을 선택하는 수동적인 역할을 해왔다면, 오늘날의 소비자는 제품 개발에 직접 참여하기도 하고 새로운 소비문화를 스스로 생성하기도 한다. 소비자는 기업이 제공하는 제품이나 서비스를 선택하는 수동적 위치에서 기업에 영향력을 행사하는 시장의 주인으로서의 역할을 수행하게 된 것이다. 즉, 과거에는 기업의 경쟁이 기술을 선도하는가의 여부를 중심으로 하고 있었던 반면에 이제는 소비자의 경험의 영역에서 기업의 경쟁이 일어나는 형태로 변화하였다. 이에 따라 최고의 고객 경험을 제공하는 제품을 개발하는 것이 기업에게 점점 더 중요한 이슈가 되고 있다.

산업간 융합

소비자는 근본적으로 요구와 니즈 중심의 관점으로 통합된 솔루션을 요구하고 있는데 이것은 기업들에게 기술적 체계와 산업구조적 제약보다도 중요하게 다가오고 있다. 바로 이 점이 산업간의 융합을 불러왔다. 융합 제품에 대한 소비자 요구가 증대함에 따라 제조업은 생존 및 성장과 고부가가치화를 위한 산업간 융합이 필수적으로 되어버린 것이다. 스마트폰이 전화통화가 가능한 컴퓨터라는 개념으로 핸드폰의 패러다임을 변화시킨 것과 같이 자동차, TV 등 전통적인 제조산업 분야와 다양한 산업 분야의 융합 수요가 증대되고 있다.

비즈니스 에코시스템의 변화

산업간 융합과 융합 제품에 대한 요구로 인해 공급가치사슬의 구조 변화에 대한 관심도 커지고 있다. 제조업체는 제조 생산 및 공급 중심의 가치사슬 형태를 가진 단순한 구조인 수직적 가치사슬 구조가 대부분이다. 하지만 융합화현상이 가속화되면서 기업의 역량과 이해관계에 따라 유연한 가치네트워크를 구성하게 되었다. 예를 들어 운동화 소비자의 요구를 새로운 관점에서 충족시키기 위해 나이키는 서비스개발업체, 애플 등 다양한 기업들과 나이키플러스 서비스를 새롭게 개발하였다. 나이키라는 제조기업은 융합제품을 원하는 소비자의 요구에 따라 제조기업, 서비스기업, ICT 기업의 협력으로 진화하게 된 것이다. 이러한 산업간의 융합 에코시스템이 소비자에게 새로운 경험과 가치를 제공한다.

다양한 산업간의 융합으로 인해 산업간 경계가 무너져 서로 다른 기업들 간에 협업을 통한 가치 네트워크가 창조되고 새로운 융합환경에 진입한 기업들은 다양한 관계를 형성하게 된다. 가치네트워크에 참여하고 있는 주체들은 자신의 핵심역량을 바탕으로 전략을 수립하고 상생적 에코시스템을 구축하여 차별적 경쟁력을 확보해야 할 것이다. 또한 지역사회, 시민단체, 정책기관 등 다양한 이해관계자들과의 상생을 도모하여 기업성장에 영향을 미치고 가치를 지속적으로 창출하는 서비스 융합 에코시스템을 구축해야 한다.

서비스 중심 관점의 중요성

제조업 혁신의 필요성에 대한 해답을 찾기 위해서, 우리는 왜 IBM이 세계 최고의 컴퓨터 제조회사에서 IT 서비스 컨설팅 회사로 변모하였는지, 세계적인 자동차 및 항공기 엔진 제조업체 롤스로이스가 왜 엔진 토탈 관리 서비스를 제공하게 되었는지를 먼저 살펴보고자 한다.

위에서 언급한 제조기업들은 제품을 제공한다기보다 고객이 요구하는 서비스나 고객의 불편함을 줄여주는 서비스를 제공하는 방향으로의 패러다임 전환을 시도하고 있다. 이러한 전환의 가장 핵심적인 이유는 시장이 원해서이다. 예컨대 롤스로이스는 더 이상 엔진만을 판매하는 것이 아니라 항공사와 장기 서비스 계약을 체결하여 비행기 엔진 관리에 수반되는 모든 사항을 관리하는 토탈케어 서비스를 제공하고 있다. 롤스로이스는 비행 시간당 정해진 금액을 항공사로부터 지급받음으로써 일정한 수익을 창출하고 있다. IBM의 경우에는 하드웨어 생산업체에서 비즈니스 솔루션을 제공하는 서비스 기업으로 재탄생하였다. 단순한 하드웨어 제품 구매에서 IT서비스의 수요가 증가하는 추세에서 기업들은 자신들의 노하우를 활용하여 컨설팅 회사로 변신하였다.

제조기업들은 이노베이션을 통해 새로운 수익 창출의 기회를 마련하고, 고객과 지속적인 관계를 유지하면서 경쟁사와의 차별화를 꾀하고 있다. 이에 대해 이탈리아 밀라노 폴리테크닉(Polimi, 18)의 Luisa Collina 교수는 제품, 서비스의 개별 혁신은 기업의 경쟁력을 기르는 데 충분하지 않음을 강조하면서, 제품과 서비스의 통합적 혁신만이 충분한 국제적 경쟁력을 가져올 것이라고 주장하였다. 또한 영국 캠브리지 비즈니스 스쿨의 Cambridge Service Alliance는 서비스로의 변화에 대한 이해 능력이 기업의 성공과 시장에서의 장기적인 유지에 중요한 요소라고 제시하였다(Cambridge Service Alliance, 12). 제품뿐 아니라 토탈 솔루션까지 원하는 고객 요구의 변화, 고객과 단순 거래기반이 아닌 고객과의 지속적인 관계 구축으로의 변화, 개별 기업이 아닌 상생 에코시스템으로의 변화 등을 이해해야 한다.

이제는 제품-서비스 융합시대이다. 인간의 삶을 풍요롭고 의미 있게 하기 위해서는 제품, 서비스, 커뮤니케이션, 인프라 등이 융합되어야 할 것이다. 그것이 고객의 요구이며, 시장을 지배하는 논리이다.

4차 산업혁명 시대

요즈음 4차 산업혁명시대에 대한 얘기가 많이 나온다. 독일의 Industry 4.0개념의 소개에서 시작하고, 스마트폰의 광범위한 이용 그리고 빅데이터, 인공지능 등의 기술발전에 대한 희망 등으로 새로운 산업환경 및 인간의 삶의 변화에 대한 얘기이다.

국내에서는 마치 스마트팩토리의 활성화 등 생산과정에 관한 혁신에 중점을 두어 얘기가 진행되는 듯하다. 20여 년 전 e-manufacturing이란 키워드로 생산에 대한 혁신이 큰 목소리를 내던 때와 유사하다고 할 수 있다. 글로벌 컨설팅회사인 Capgemini 는 Industry 4.0의 핵심 항목들을 (그림 1-19)에서 보듯 Smart Factory, Smart Supply Chain, Customer Integration, Smart Solution 등 4가지로 설명한다. 여기서 Smart Facotry는 산업적 혁신을 이루는 효율성 증진 요소로 간주된다. 정작 성장을 견인히 는 요소는 Smart Solution 및 Customer Integration이다.

저자는 이들 중 가장 중요한 항목이 고객과의 협력에 있다고 생각한다. 앞서 말했듯 이 소비자의 역할이 더욱더 적극적으로, 다양하게 커지고 있다. 이를 혁신적인 콜라 보로 이끌어야 한다. 종래 제조업에서의 수익원이 제품의 판매였다면, 이제는 After-Sales In-Use 과정 중의 서비스 수익원이 핵심이 되어야 한다. 즉 4차 산업혁명의 핵 심은 고객 중심의 서비스 융합이다.

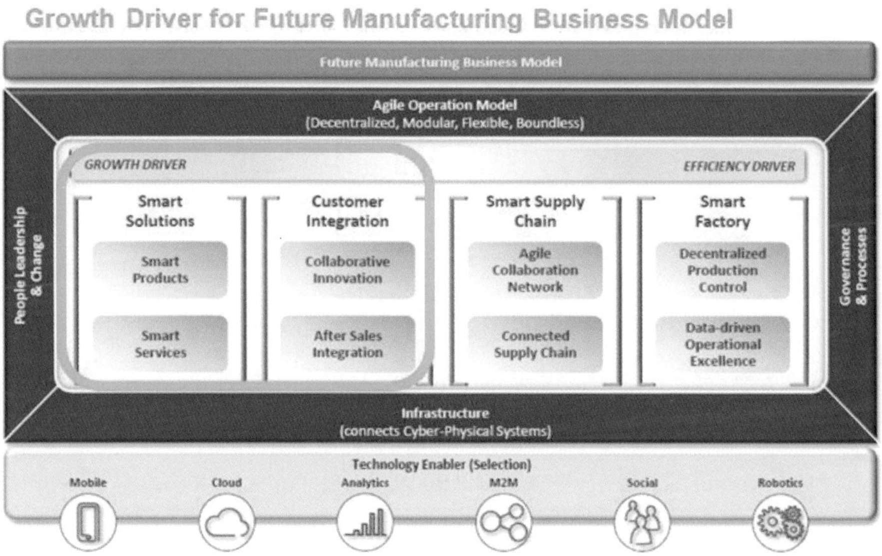

그림 1-19 Industry 4.0의 Growth Driver(Capgemini, 17)

10. 제품-서비스 시스템

제품-서비스 시스템(Product-Service System, PSS)이란 표현은 앞에서 설명한 바와 같이 1999년 네덜란드정부과제 보고서에서 처음 소개되었다. 일반적으로 고객의 필요를 만족시키고, 기존의 비즈니스 모델에 비해 적은 환경적 부담을 줄 것을 목표로 하는 경쟁력을 추구하여 설계된 제품과 서비스, 그리고 이들의 연계 네트워크 및 인프라를 포함하는 시스템으로 정의되었다.

최근에는 환경적 관점보다, 새로운 비즈니스 모델 및 산업경쟁력 제공 수단으로써의 관점이 강조되고 있다. PSS는 제품의 생산판매 및 서비스 제공에 대한 분리된 접근이 아니라 제품 전 주기에 걸쳐 제품이 가진 가치에 대한 수요자의 사용이라는 관점을 기반으로 제품과 서비스를 적극적으로 연계하여 새로운 부가가치를 창출하고자 하는 개념이다. PSS는 급박히 증진되는 환경적, 사회적 요구, 지속적으로 확장되는 시장 변화에 따른 국제화와 경쟁의 심화, 새로운 기술, 새로운 소비와 생활 방식의 출현 등의 영향으로 새롭게 제시되는 복잡한 문제요구의 해결책을 제시하기 위해 통합적으로 이용되는 제품, 서비스, 커뮤니케이션, 공간 등의 융합체이다. PSS의 중심은 다양한 관련자인 인간이다.

제품과 서비스를 융합하는 방법에는, 쉽게 설명하면, 기존의 제품에 서비스 요소가 추가되는 제품서비스화(Product Servitization)와 기존의 서비스에 자동화 등의 물리적인 제품 요소가 추가되는 서비스제품화 (Service Productization) 등이 있다. 첫 번째 경우의 대표적 예로는 프랑스에 이어 우리나라에서도 많은 사례가 있는 자전거 대여 시스템을, 두 번째 경우의 예로는 은행업무 서비스를 자동화한 ATM기기 등을 들 수 있다(그림 1-20).

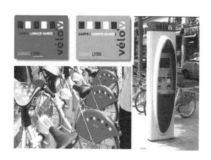

프랑스 자전거대여 시스템 (Velo'v)

Product Servitization

ATM 시스템

Service Productization

그림 1-20 PSS 사례의 대표적인 예

PSS의 개념은 기능의 판매(functional sales)라는 관점으로도 설명된다. 이동 기능을 수행하는 수단으로, 자동차를 구입, A/S 등의 서비스를 받으며 소유하며 사용하는 방법이 있다. Tukker의 PSS 분류관점에서 보면(그림 1-21), 이와 같은 경우가 제품형 (Product-Oriented) PSS이다(Tukker, 04). 반면에, 자동차를 필요할 때 빌려서 이동하는 방법이 있다. 이 경우 제품은 소유하지 않지만, 필요시 사용할 수 있는 경우로 사용형(Use-Oriented) PSS이다. 결과형(Result-Oriented) PSS는 버스, 택시 등 교통서비스를 제공받아 이동의 기능을 만족시키는 경우이다.

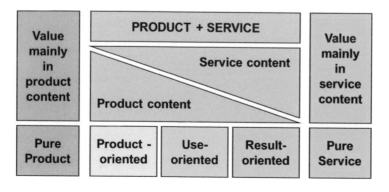

그림 1-21 제품-서비스 시스템의 메인 분류(Tukker, 04)

다른 사례로 얘기하면, 공작기계를 구입, 소유하여 직접 부품을 가공하는 경우가 제품형 PSS, 공작기계를 임대하여 직접 가공하는 경우가 사용형 PSS, 그리고 아예 다른 기업에 의해 가공된 부품을 제공받는 경우가 결과형 PSS이다. 이러한 PSS 옵션들은 해당 상황을 반영하여 경제적, 환경적 관점 등 비교하여 선택할 수 있는 다양한 솔루션을 제공한다. 위의 두 예에서 이동 PSS 사례는 B to C의 성격이나, 부품가공의 경우는 B to B 경우이다. 제품-서비스 시스템 디자인 방법론들이 지속적으로 개발되어 왔다(Morelli 03; van Halen *et al.*, 05). 여기서의 핵심은 서비스 디자인 부분이다.

제품-서비스 시스템 디자인 기술개발 과제

국내의 경우 2008년 첫 출발한 지식경제부 지식서비스분야의 산업원천기술개발 사업의 대표적인 과제로 제품-서비스 시스템 디자인(Product-Service Systems Design, PSSD) 기술개발 과제가 시작되었다. PSSD 과제는 (1) 제품을 생산하는 제조업이 당해 기업의 제품 및 기술 경쟁력을 재조명하고, (2) 미래지향적인 소비자 관점의 가치를 규명하고, (3) 이를 성취하게 하는 당해 기업의 제품경쟁력을 선별하고 부족한 경쟁력은 외부로의 아웃소싱을 통하여 보완하여, (4) 제품 요소와 서비스 요소가 체계적으로 연계된 제품-서비스 시스템에 기반한 비즈니스 모델을 창출하고, (5) 구체적 제품-서비스 시스템을 기획하고, 개념을 디자인하고, 구체구현을 설계하는 소위 제품-서비스 시스템 디자인 방법론과 이를 지원하는 소프트웨어 기반의 프레임워크를 개발하는 과제이다.

이는 (그림 1-22)에서 보듯 제품으로부터 출발하여 제품-서비스 시스템을 창출하는 방법을 개발하는 과제이다. 제품을 생산, 판매하는 제조업이 제품 경쟁력을 E3 Value Concpet등에 기반하여 새로운 가치체계에서 분석하여 기존 제품, 기술 경쟁력 중 적절한 부분을 고르고, 필요하다면 외부기업과의 협력으로 부족한 제품 요소를 보완하여, 이들을 전문 서비스 제공자가 제공하는 서비스뿐 아니라, 소비자가 Co-create하는 서비스 등과 유기적으로 연계하여 새로운 시스템과 이를 기반으로

그림 1-22 제품-서비스 시스템

하는 새로운 비즈니스 모델을 창출하는 방법론과 지원도구가 개발되었다.

환경적인 관점보다는 제조업의 서비스화를 통한 가치창출 능력의 증진에 초점이 맞추어진 것이다. 제품 요소(P)와 서비스 요소(S)들이 유기적으로 연계된 제품-서비스 시스템 설계를 통해 제조업의 서비스화 및 이를 통한 소비자 가치 혁신을 이루게 된다(그림1-23).

그리고 이와 같은 제조업의 서비스화를 창출하는 과정에 디자인을 넘어선 디자인을 하는 서비스 융합디자인 전문기업들이 새로이 탄생하여 제품-서비스 융합디자인 과정을 수행하는 지식서비스를 제조업에게 제공하여, 제조업과 서비스산업의 동반 성장을 이루도록 하는 과제이다(그림 1-24). PSS 디자인 전략 디자인 기술, 사용정보에 기반한 PSS 디자인 기술, PSS 디자인 프로세스 혁신 기술, 그리고 지능형 PSS 디자인 프레임워크 개발 기술 등 4 분야의 과제들로 진행되었다.

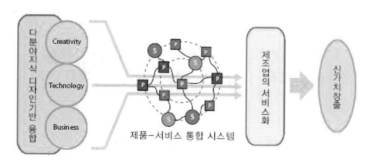

그림 1-23 다분야 융합기반 제조업의 서비스화

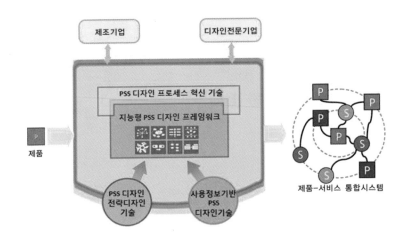

그림 1-24 제품-서비스 시스템 디자인 기술개발 과제

제조업 서비스화 지원 프레임워크 개발 과제

2008년부터 2013년까지 수행된 제품-서비스 시스템 디자인 과제에 이어, 이 방법론을 활용한 산업사례를 창출하도록 하는 의도로 제조업의 서비스화 지원 프레임워크(Manufacturing Servitization Support Framework, MSSF) 개발 과제가 산업통상자원부의 지원으로 2013년부터 2016년까지 수행되었다(그림 1-25). 제조업 서비스화를 위해 해당 제조업의 제품으로부터 만들어지는 제품-서비스 시스템들은 해당 제조기업의 비즈니스 상황 및 고객의 추구 가치 등 다양한 이유로 서로 다른 성격을 갖게 된다. 이렇게 각기 다른 제품-서비스 시스템들을 표현하고, 비교할 수 있는 프레임워크

Product-Service Systems Design
2008 - 2013

Manufacturing Servitization Support Framework
2013 - 2016

그림 1-25 제품-서비스 시스템 디자인 과제 및 제조업 서비스화 지원 프레임워크 과제

의 개발 및 이를 활용한 서비스화 과정의 지원을 목적으로 수행된 과제이다.

특히, 제조기업의 비즈니스 전략 관점과 구체적인 제품-서비스 시스템의 개발이 유기적으로 연계되어야 의미있는 서비스화가 가능하다. 따라서 서비스화 지원 프레임워크 과제는 이러한 복합적 서비스화 과정을 핵심적으로 지원한다. (그림 1-26)에서 보듯, 서비스화 기본 전략이 만들어지고, 이를 반영하여 구체적인 제품-서비스 시스템 디자인이 진행된다. 잠재 고객에게 적용한 프로토타이핑을 통해, 전략적 관점에서의 재조명이 이루어진다. 이렇듯 전략 단계와 구체 제품-서비스 시스템 개발 단계의 Double Deck 순환프로세스를 거쳐 구체적 제품-서비스 시스템과 비즈니스 모델이 만들어지는 것이다.

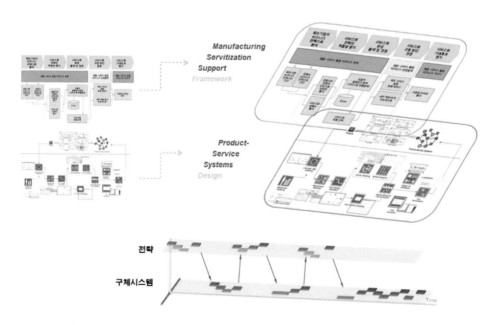

그림 1-26 비즈니스 전략 및 구체 제품-서비스 시스템 Double Deck 프로세스

Business Innovation Service Design

제품-서비스 시스템
디자인 방법론

제품-서비스 시스템 디자인 방법론을
제품 생애주기 분석, 관련자 모델링, 요구조건 및 가치 모델링,
여정 맵 작성, 서비스 블루프린트 작성,
상황기반 행위모델링 및 계층적 가치체계 이용 행위디자인
제품-서비스 시스템 기능 모델링,
서비스요소 및 제품요소 디자인 등
구체 내용으로 설명한다.

1. 의류 제품-서비스 시스템

제조기업의 제품으로부터 시작하여 제품-서비스 시스템을 디자인하는 방법론을 구체적으로 소개한다. 이를 위해 간단한 가상 사례를 통해서 설명하고자 한다. 우리가 익숙한 제품인 의류제품의 서비스융합 디자인 과정을 생각해본다.

가상적으로, 독자들이 의류제조회사의 상품기획팀 또는 경영혁신팀의 일원으로 서비스를 융합한 새로운 이노베이션을 창출하는 미션을 받았다고 생각해보자(그림 2-1). 미션은 의류제품의 특정 이슈에 국한되지 않고, 회사 전반적인 입장에서, 의류고객의 가치를 증진시켜 주거나, 의류 사용 문화를 개선시키거나, 의류 관련 에코 시스템 전반에 걸친 이노베이션을 이끌어 내는 것 등 다양한 방향으로 발전될 수 있다고 해보자.

그림 2-1 제품-서비스 시스템 디자인: 의류 제품

2. 제품 생애주기 분석

이런 경우, 제품-서비스 시스템 디자인의 첫 과정은 해당 제품의 생애주기(Life Cycle) 전반에 걸쳐 이노베이션 도출 가능성을 찾아보는 과정이다. 제품의 생애 주기 중 대표적인 과정이 사용과정, 즉 Use Phase 또는 During Phase이다. 제품이 사용되며 가치를 제공하는 것이 기반이다. 그리고, 사용과정의 전, 후에 각각 사용 전 과정, Pre-Use Phase, 및 사용 후 과정, Post-Use Phase가 있다.

의류 제품의 기획, 디자인, 생산, 공장에서의 보관, 유통, 매장에서의 보관, 판매/구매, 배송 등이 제품의 사용 전 과정의 대표적인 생애 주기 단계(Life Cycle Step, LCS)들이다. 의류 제품 사용 과정은 수선에서부터 시작할 수 있다. 착용, 세탁, 보관, 착용, 세탁, 보관 등의 과정이 반복적으로 일어나다, 단추가 떨어지는 등 문제가 생기면 수선하고, 다시 착용하는 과정 등도 일어나게 된다. 이와 같은 첫 번째 사용자의 사용 과정이 진행된다. 사용 후 과정으로는, 때로는 반품을 하기도 하고, 중고 판매 또는 기부 등으로 재사용이 진행되기도 한다. 기부 단계는 기부업체의 수거, 분류, 세탁, 수선 등의 단계를 거쳐 재사용으로 진행되기도 한다. 이후 재활용이 되고, 결국은 폐기된다. 이러한 라이프 사이클 어느 단계에서도 이노베이션이 일어날 수 있다. 따라서, 제품의 라이프 사이클 스텝을 빠짐없이 나열하는 것이 필요하다. (그림 2-2)는 의류 제품의 대표적 라이프 사이클 스텝들을 원형으로 순차적으로 정리한 예이다.

각 라이프 사이클 스텝별로, 해당 단계에서의 관련자들을 파악한다. 해당 단계의 직접 행위자로부터 시작하여, 관련자들을 관련 연계성에 따라, 해당 단계에서 직접 관련자에서 간접관계자로 멀어지는 형태로 표시하며 관련자를 모두 정리한다. 특히 서비스의 가치 전달과정에서 모든 관련자의 가치가 제대로 제공되어야 성공적인 서비스가 되므로, 이들 관련자들을 빠뜨리지 않고, 체계적으로 정리하는 것이 필요하다. (그림 2-2)에서 마치 포도송이처럼 표시된 것들이 관련자들이다. 이 라이프 사이클 스텝 분석방법은 덴마크공대의 Tim McAloone 교수팀이 개발한 방법으로(Matzen & McAloone, 08), 저자는 이 좋은 방법을 그대로 받아들여 사용하는 것이다.

Life Cycle Step Analysis 방법은 제품 생애주기 전 단계 및 관련자(Stakeholders)의 분석을 통한 다양한 잠재 요구조건 도출 및 제품과 서비스 융합 디자인 기회를 확대할 수 있다. 제품-서비스 시스템 디자인 방법 설명을 위해, (그림 2-2)의 박스로 클로 즈업된 것처럼, 의류제품의 재사용 과정에서 혁신을 찾아보려는 노력이 진행됨을 가정하고 다음과정을 설명하고자 한다.

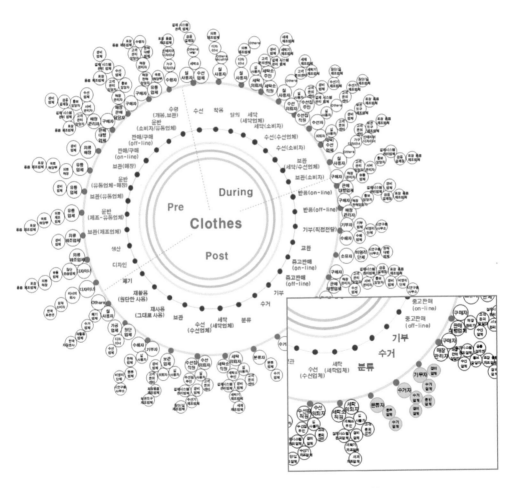

그림 2-2 의류 Life-Cycle Steps & Stakeholders

3. 사용자 모델링

라이프 사이클 스텝별로 관련자들을 파악하였다. 이들 관련자들은 해당 라이프 사이클 스텝의 제품의 사용자이거나, 관련 서비스의 수혜자 또는 제공자이거나 기타 관련 있는 사람들이다. 서비스 디자인은 사람의 행위 디자인이다. 행위의 주체가 되는 서비스 수혜자, 서비스 제공자 등에 대한 이해의 중요성은 가히 짐작이 가능할 것이다. 사용자 모델(User Model)이란 제품 또는 서비스의 사용자의 다양한 정보를 표현하는 일반적인 체계를 말하며, 사용자와 상호작용을 하는 다른 객체 또는 시스템의 사용자에 대한 이해를 의미한다. 예를 들어 이러닝 서비스의 사용자인 경우 해당 사용자는 학습자 또는 교수자 등 구체적인 사용자로 표현된다. 결국 제품 및 서비스의 모든 관련자(Stakeholder)들은 각각 그 역할에 걸맞는 사용자 모델로서 표현된다. 예를 들어 교수자 객체는 학습자 모델을 통해 해당 학습자의 정보를 이해하고 적절한 상호작용을 하게 된다.

제품 및 서비스에 연관된 사용자 정보는 일반적으로 지속적으로 변하고 발전하는 성격을 갖는다. 예를 들어 학습자 모델의 경우 학습 진행 과정에 따라 학습자의 학습 이해수준은 지속적으로 변하게 된다. 물론 사용자 정보의 일부는 성별, 인지성향 등 그 변화가 없거나 변화속도가 느린 부분도 있고, 정서 상태 등 빠르게 수시로 변하는 부분도 있다.

서비스 디자인에 따라, 아주 구체적인 사용자 정보가 시간이 변하는 것에 맞추어 이용되는 경우도 있다. 또 어떤 경우는 몇 가지 사용자 유형을 정해놓고, 시간에 따른 큰 변화 없이 사용자를 이해해가는 경우도 있다. 사실 현재까지는 대부분 서비스 디자인 사례 또는 서비스 디자이너들은 사용자 정보를 제대로 다루지 못하고 있는 경우가 많다. 그러나, 사용자 모델의 수준이 높아야, 의미있는 맞춤형 서비스를 제공할 수 있다.

이제 구체적으로 사용자 모델이 어떤 내용으로 구성되는지를 살펴본다. (그림 2-3)의 사용자 모델체계 그림에서 보듯이, 사용자 모델은 크게 사용자 기본 정보와 사용자 평가 정보로 구성된다. 사용자 평가(assessment) 정보는 사용자 본인이 아닌 외부로부터 평가되거나, 자신의 Self-report 등으로 얻어진 내용으로서 사용자의 능력(capability), 경험(experience), 지식(knowledge) 등을 표현한다. 예를 들어 동일한 학습자에 대하여 다른 교수자들은 각각 다른 평가정보를 가질 수 있다.

사용자 기본 정보는 사용자에 관해 쉽게 변하지 않는 사용자 정적(Static) 정보와 변화 가능한 사용자 동적(dynamic) 정보로 구성된다. 정적 정보는 이름, 나이, 성별, 직업 등 기본프로필과 거주지역 등 생활정보 등의 프로필 정보가 기본적이다. 추가적으로 인지적 선호양상, 학습 스타일 등 해당 평가방법설문 등에 대한 답변으로 평가되는 인지성향, 소비성향 등이 추가되기도 한다. 사회, 문화적 특성 또는 전문성 정보 등이 포함되기도 한다.

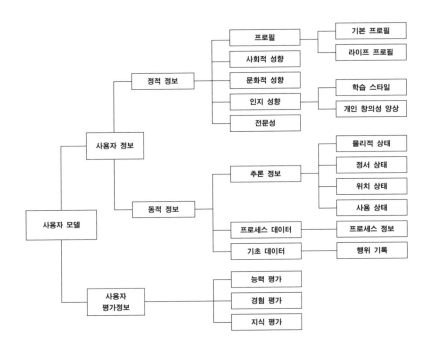

그림 2-3 사용자 모델 예시

동적 정보는 기초 데이터, 이들을 이용하여 얻어지는 프로세스 데이터, 그리고 이들을 해석하여 만들어지는 추론 정보 등이 있다. 예를 들어, 이러닝 시스템의 경우 학습자의 메뉴 클릭 등 로그 데이터는 기초 데이터이고, 이들을 통해 구해지는 메뉴별 사용시간은 프로세스 데이터이고, 이를 바탕으로 다양한 규칙정보들을 통하여 추론하여 얻어지는 학습자의 학습동기 상태 등은 추론 정보인 것이다. 추론된 정보의 예로는, 사용자 정서상태, 신체상태, 위치상태, 사용상태 등이 있을 수 있다.

시나리오 생성 등에 이용되는 퍼소나(Persona)의 경우도 넓은 의미에서의 사용자 모델로 볼 수 있으나, 퍼소나는 특정한 사용자의 Instance를 아주 개괄적으로 표현하는 방법이다. 일반적인 사용자 모델은 더욱 광범위하며, 다양한 Instance를 통해 여러 사용자의 경우를 체계적으로 표현하며, 정서상태 등이 수시로 변하는 성질을 반영하는 사용자 이해를 표현하는 더욱 높은 수준의 표현방법이다.

4. 요구조건 모델링 및 E3 가치 모델링

관련자의 정보를 기초로 하여 요구 조건을 정의한다. 예를 들어, 사용 전 단계에서 제품/서비스를 낮은 가격에 구매하여 사용하기 원하는 요구 조건, 사용 중 단계에서 제품/서비스의 다양한 기능을 원하는 요구 조건, 사용 후 단계에서 제품/서비스를 친환경적으로 쉽게 폐기하길 원하는 요구 조건 등을 조사하여 정의한다. 요구조건을 조사하는 방법은 각 관련자의 Voice of Customer(VoC)를 획득하는 다양한 방법, 즉, 인터뷰, 서베이, 관찰 등이 이용된다. 때로는 디자이너가 스스로 소비자의 입장에서 소비자의 요구조건을 모델링하기도 한다. 4장 경험평가 및 분석 설명 때, VoC 획득 방법이 더 설명된다.

생성된 관련자들의 요구조건을 기반으로 경제적, 환경적, 경험점 측면의 E3 가치를 도출한다. 1장에서 설명한 바와 같이, 경험적 가치가 핵심인데, 이는 외재적 가치와 내재적 가치로 구성된다. 외재적 가치는 기능적인 부분과 대외적 사회성과 관련되어 있다. 내재적 가치는 자기 주도적인 관점과 반응적 관점의 정서적 부분, 대내적 사회성, 학습 및 지적인 추구를 이끄는 부분으로 구성되어 있다. 요구조건 조사에서 얻어진 각각의 요구조건은 E3 가치 체계를 이용하여 분류하고, 가치 주제를 정립한다.

의류 재사용 관점에서의 재조명을 통하여 환경적 가치뿐 아니라, 지속적인 기부를 통하여 의류 재사용이 가능하도록 하는 관련자들의 주요 경험적 가치를 도출하였다. 의류 재사용 단계인 기부, 수거, 분류의 관련자에는 각 단계의 주요 관련자인 기부자, 수거자, 분류자 등이 있다(그림 2-4). 각 단계에서 관련자들의 요구조건을 조사한다. 예를 들어 기부 단계에서의 기부자의 요구조건, 수거 단계에서의 수거자의 요구조건 등을 조사한 내용은 (그림 2-5)와 (그림 2-6)에서 보여지는 바와 같다.

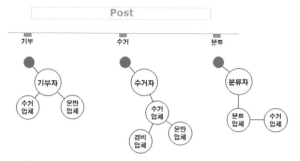

그림 2-4 의류 재사용 단계의 관련자 도출

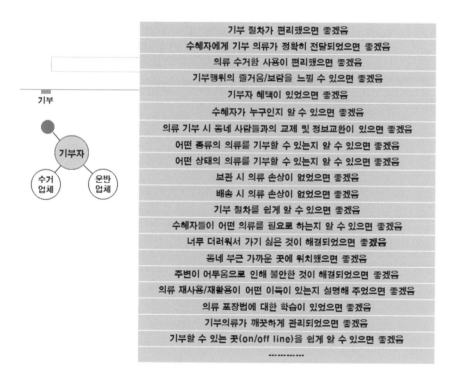

기부 절차가 편리했으면 좋겠음

수혜자에게 기부 의류가 정확히 전달되었으면 좋겠음

의류 수거함 사용이 편리했으면 좋겠음

기부행위의 즐거움/보람을 느낄 수 있으면 좋겠음

기부자 혜택이 있었으면 좋겠음

수혜자가 누구인지 알 수 있으면 좋겠음

의류 기부 시 동네 사람들과의 교제 및 정보교환이 있으면 좋겠음

어떤 종류의 의류를 기부할 수 있는지 알 수 있으면 좋겠음

어떤 상태의 의류를 기부할 수 있는지 알 수 있으면 좋겠음

보관 시 의류 손상이 없었으면 좋겠음

배송 시 의류 손상이 없었으면 좋겠음

기부 절차를 쉽게 알 수 있으면 좋겠음

수혜자들이 어떤 의류를 필요로 하는지 알 수 있으면 좋겠음

너무 더러워서 가기 싫은 것이 해결되었으면 좋겠음

동네 부근 가까운 곳에 위치했으면 좋겠음

주변이 어두움으로 인해 불안한 것이 해결되었으면 좋겠음

의류 재사용/재활용이 어떤 이득이 있는지 설명해 주었으면 좋겠음

의류 포장법에 대한 학습이 있었으면 좋겠음

기부의류가 깨끗하게 관리되었으면 좋겠음

기부할 수 있는 곳(on/off line)을 쉽게 알 수 있으면 좋겠음

……………

그림 2-5 의류 재사용 단계의 기부자 요구조건

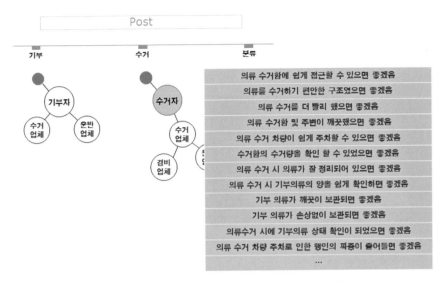

그림 2-6 의류 재사용 수거 단계의 수거자의 요구조건

이들 구체적 Voice of Customer 항목들은 각각 어떤 가치를 추구하는 지를 분류하여 E3 Value 체계로 정리할 수 있다. 예를 들어 (그림 2-7)의 맨 아래에 있는 VoC 항목인, 주변이 어두움으로 인해 불안한 것이 해결되면 좋겠다는 요구조건은 불안함이라는 능동적 정서가치 주제로 분류된다. 따라서 해당항목에 Strong을 의미하는 S를 명기한다. 경우에 따라서는 Voice of Customer 한 항목이 두 개 이상의 가치 주제에 연계된 경우도 있다. 수거함이 가까운데 위치해서 편리하면 좋겠다는 요구조건은 기능가치 주제인 편리성이 대표 주제가치이고 역시 기능가치인 효율성과도 관계가 있다. 따라서 편리성에 S, 그리고 효율성에 Medium을 의미하는 M을 명기한다. 수거함 주변이 더럽지 않았으면 하는 요구조건은 경험적 가치 중 반응적 정서가치에 해당한다. 더러워서 가기 꺼려진다는 요구조건은 하기 싫음(reluctance)이라는 능동적 정서가치와 더럽다는 반응적 정서가치에 동시에 연계되고, 하기 싫음에 M, 더러움에 해당하는 심미성에는 S를 명기한다(그림 2-7).

기부자의 요구조건에는 기부 시에 주위의 어두움으로 인한 불안의 해소, 기부 의류의 깨끗한 관리 및 정확한 전달, 기부를 통한 즐거움과 보람, 깨끗한 의류수거함, 기부자의 혜택 등 (그림 2-7)에서 보는 바와 같이 얻어졌다. 의류를 재사용하는 Life-Cycle Step의 수거 단계에서의 주요 관련자인 수거자의 요구조건에는 수거함에의 접근성, 의류 수거의 효율성과 편리성, 기부 의류의 청결성 등이 있다(그림 2-8).

Requirements	E3 Value																										
	Economic Value	Ecological Value	Experience Value																								
			Extrinsic								Intrinsic																
			Functional				Extrinsic Social				Emotional									Intrinsic Social				Epistemic			
											Active					Reactive											
			EXEL	EFF	CONV	...	ST	BOAST	CONN	...	ACHI	Happy	...	RELIEV	RELUC	AESTH	ELEG	HARM	...	ETHICS	SPIRIT	EGO-CENT	...	LEARN	KNOW	CUR	...
...																											
R_d10											S									W							
R_d11															M	S											
...																											
R_d20				M	S																						
...																											
R_d34														S													
...																											

R_d10	기부행위의 보람을 느낄 수 있으면 좋겠음	(AE.ACHIEV, S), (IS, ETHICS, W)
R_d11	너무 더러워서 가기 싫은 것이 해결되었으면 좋겠음	(AE. RELUCT, M), (RE, AESTH, S)
R_d20	동네 부근 집 가까운 곳에 위치했으면 좋겠음	(F. EFF, M), (F. CONV, S)
R_d34	주변이 어두움으로 인해 불안한 것이 해결되었으면 좋겠음	(AE. RELIEV. S)

그림 2-7 기부자 요구사항의 E3 가치 체계 분류 예

Requirements	E3 Value																										
	Economic Value	Ecological Value	Experience Value																								
			Extrinsic								Intrinsic																
			Functional				Extrinsic Social				Emotional									Intrinsic Social				Epistemic			
											Active					Reactive											
			EXEL	EFF	CONV	...	ST	BOAST	CONN	...	ACHI	Happy	...	ANGER	RELUC	AESTH	ELEG	HARM	...	ETHICS	SPIRIT	EGO-CENT	...	LEARN	KNOW	CUR	...
R_c1				S	S																						
...																											
R_c10				S	M																						
R_c11																S											
...																S											
R_c20				S	M																						
R_c21												S		M													
...																											

R_c1	의류 수거함에 쉽게 접근할 수 있으면 좋겠음	(F.EFF, S), (F. CONV, S)
R_c10	의류 수거를 더 빨리 했으면 좋겠음	(F.EFF, S), (F. CONV, M)
R_c11	의류 수거함 및 주변이 깨끗했으면 좋겠음	(RE. AESTH. S)
R_c20	의류 수거 시 의류가 잘 정리되었으면 좋겠음	(F. EFF, S), (F. CONV, M)
R_c21	의류 수거 차량 주차로 인한 행인의 짜증이 줄어드면 좋겠음	(AE, HAPPY, S), (AE. ANGER, M)

그림 2-8 수거자 요구사항의 E3 가치 체계 분류 예

요구 조건 조사를 통하여 동네에 현재 있는 의류수거함을 중심으로 이루어지는 시스템의 각 관련자들은 어떤 가치를 중요하게 여기고 있는가를 분석하고, 이를 보다 발전적인 가치로 개선하기 위한 과정이 E3 가치 체계를 이용하여 진행되었다. 앞서 설명한 바와 같이 인간 중심의 가치에 대한 강조와 최근 화두가 되어온 사용자 경험 (User Experience) 이슈가 새로운 가치 창출과 제품-서비스 융합 비즈니스의 핵심 공략대상이 되고 있어, Experience Value를 추가한 E3 Value 컨셉을 정립하였다.

기부자들이 깨끗한 의류수거함을 원하는 반면 쓰레기통으로 오인될 수 있는 수거함에 접근하여 느껴지는 반응적 정서가치는 보다 많은 사람이 의류수거함을 찾게 하고자 하는 데 부정적인 영향을 준다(그림 2-9). 우리 아이가 예쁘게 입다가 지금은 작아진 옷을 우리 아이만큼이나 귀여운 어떤 아이가 입게 될 모습을 상상하며 유아복을 기부하는 젊은 엄마는 뿌듯한 능동적 정서가치를 경험을 할 수 있다. 옷을 기부하는 좋은 일을 많이 한 주부의 기부 성적을 반영하는 등급을 부여한다면 이는 이 주부에게 주변에 자랑한다는 외재적 사회적 가치를 제공할 수 있다. 현재의 수거함이 제공하지 못하는 가치들을 찾아내고, 이들 가치를 긍정적으로 제공하는 제품-서비스 시스템을 만들어 내야 하는 것이다.

그림 2-9 As-Is 의류수거함

위의 과정을 통해 도출된 핵심적인 경험 가치는 (그림 2-10)에서 보듯이, 기능적 가치로, 편리성(Convenience), 효율성(Efficiency), 외재적 사회적 가치로 존중(Esteem), 규칙 (Rule), 연결성(Connectedness), 능동적 정서가치로, 기쁨(Happy), 재미(Fun), 평안함 (Relieved), 성취감(Achievement), 믿음(Trust), 마지못해 하는/기꺼이 하는(Reluctance/

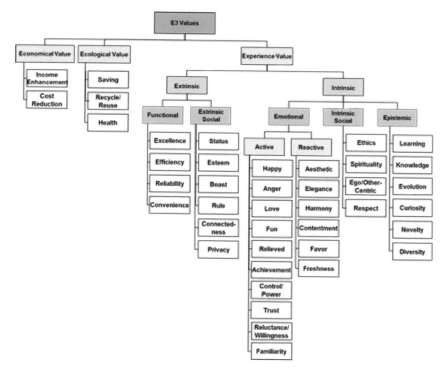

그림 2-10 의류 재사용 - E3 Values

Willingness), 반응적 정서가치로, 심미적(Aesthetic), 만족(Contentment), 좋아하는 (Favor) 등, 내적 사화적 가치로 윤리적(Ethics), 이기적인(Ego-Centric), 존경(Respect) 등, 학습적 가치로 지식(Knowledge), 호기심(Curiosity) 등이 도출되었다.

5. 여정 맵

가치 모델링 다음 단계는, 해당 라이프 사이클 단계들의 현재(As-Is) 진행 과정을 개략적으로 보여주는 고객 여정 맵의 작성이다. 일반적으로 제품 또는 서비스의 수혜자, 즉 고객의 여정을 표현하는 고객 여정 맵(Customer Journey Map)을 작성한다. 우리가 지금 다루는 의류 재사용 관련 사례에서는 (그림 2-11)과 같이 기부되는 의류의 여정을 만들어 보았다.

현재 국내의 일반적 의류 재사용 과정은 (그림 2-9)에서 보는 것처럼 의류수거함을 통해서 진행된다. 기부자는 기부의류를 수거함에 가져가서 투입하여 기부과정을 수행한다. 그런데 동네에 있는 수거함들은 (그림 2-9)에서 보는 바와 같이 지저분한 경우가 많다. 현재는 수거함을 설치하는 기관 또는 업체가 등록만 하면, 이 수거함에 들어간 기부 의류 등은 해당 업체가 소유하여 재사용이 진행된다. (그림 2-9)에서처럼 녹색 수거함 옆에 노란색 수거함이 있기도 하다. 녹색 수거함에 기부된 의류는 녹색수거함 설치 업체가, 노란색 수거함에 기부된 의류는 노란색 수거함 설치 업체가 소유하는 셈이다. 그런데 수거함 주변이 지저분해서 마치 쓰레기를 버리듯이 마지못

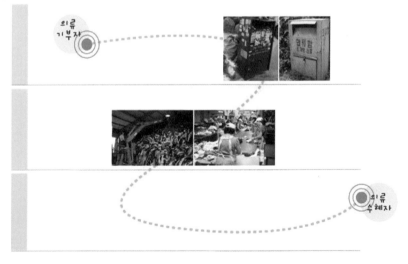

그림 2-11 기부되는 의류의 As-is 여정 맵

해 수거함에 의류를 투입하게 되는 경우가 많은데, 이들 수거업체는 이들이 쓰레기라고 간주하고 쓰레기를 수거하듯 기부의류를 수거한다. 그리고는 풍부한 노동력으로 이들 의류의 상태를 파악하고, 분류하고, 필요하면 수선 및 세척 등을 한다. 경우에 따라서는 이런 과정 없이 톤당 얼마씩 계산하여 후진국에 수출해서 수익을 올리기도 한다. 그런데 이런 여정을 겪은 기부 의류들은 결국 누군가에 기부되고, 이들은 이런 여정을 겪은 옷을 입는다. 이게 현재 기부되는 의류 재사용의 모습이다.

6. 서비스 블루프린트

여정 맵으로 개략적으로 표현된 의류의 기부과정은 관련자들의 구체적 행위 (Activity)들과 이들의 관계를 표현하는 서비스 블루프린트(Blueprint)로 구체적으로 표현된다(Shostack, 82). 서비스 블루프린트는 도출된 관련자들의 행위를 시계열적으로 배치하는 방법이다. 각 관련자의 행위를 하나의 Lane 속에 배치하는데, 왼쪽의 행위가 일어난 후, 오른쪽의 행위가 일어난다. 이렇게 행위의 선후관계가 표현된다. (그림 2-12)에서 Customer의 Activity1 이후 Activity 2가 행해진다.

다른 관련자들의 행위들은 화살표를 통해 선후 관계를 표현한다. Customer의 Activity 1은 On Stage 서비스제공자(Service Provider, SP)의 SP Activity 1의 지원 을 받고, 이는 또 Back Stage 서비스 제공자의 SP Activity 5의 지원을 받는다. 예를 들면, 주방에서 파스타를 만드는 행위가 있고, 그 이후 웨이터가 파스타를 고객에게 가져다 주는 행위가 있고, 그 이후에 고객은 파스타 먹기 행위를 한다. 이렇게, 서비 스 수혜자 및 제공자의 행위 간 상호작용의 표현을 통해 각 행위 간 연관관계를 표현 하고, 화살표는 행위의 흐름을 표시한다. (그림 2-12)의 서비스 블루프린트에서 서비

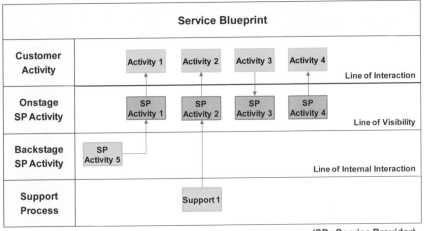

그림 2-12 서비스 블루프린트 개요도

스 제공자의 SP Activity 2 행위는 Support 1이라는 Support Process의 지원을 받는다. 이와 같이 서비스 블루프린트의 관련자들은 사람들뿐 아니라 시스템 등의 객체들도 포함한다.

주어진 시나리오를 서비스 블루프린트를 이용하여 관련자 행위 간 연관관계에 대한 구체적 표현을 할 수 있다. 서비스 블루프린트는 추후 새로운 행위의 생성 및 관련자 변경 등 기존 행위의 수정을 통해 행위를 디자인할 때 이용하는 도구이다. 마치 제품의 청사진을 보내면 공장에서 제품을 생산하는 것처럼, 서비스를 디자인하여 블루프린트로 표현하여 보내면, 해당 서비스를 수행할 수 있도록 서비스의 구체적 정보를 표현하는 도구인 것이다.

(그림 2-11)의 의류 재사용 여정 맵은 (그림 2-13)의 서비스 블루프린트로 표현된다. 기부자의 의류를 기부하는 행위는 Backstage의 기부 의류 수거, 상태/종류 확인, 수선/세탁, 분류하는 등의 행위들과 서로 연계성을 갖고 있다. 현재 의류수거함 중심의 서비스 수혜자의 행위와 이를 지원하는 다양한 서비스 제공자의 행위를 서비스 블루프린트를 이용하여 표현한 것이다. 기부자는 기부의류 정리하기 행위 이후 기부의

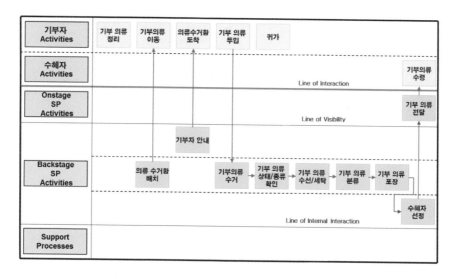

그림 2-13 현재 의류수거함 중심의 As-is Service Blueprint

류를 갖고 이동하기 시작한다. 수거업체에서 이미 수거함을 배치한 이후이다. 수거업체는 기부자가 의류를 투입한 행위 이후 기부의류를 수거한다. 기부의류의 상태 및 종류 확인하기 행위, 기부의류 수선/세탁하기, 기부의류 분류하기 행위 후, 수혜자 선정 이전, 기부의류를 포장한다. 그리고, 기부의류를 수혜자에게 전달하고, 수혜자는 기부의류를 수령한다(그림 2-13).

관련자들이 많은 서비스는 여러 개의 Lane으로 구성된다. 그리고, 복잡한 서비스, 즉 많은 행위를 포함하는 서비스는 긴 서비스 블루프린트로 표현된다. 서비스 디자인 현업에서 흔히들 행위를 각각 포스트잇에 표현하고, 이를 긴 벽에 붙여나가며 서비스 블루프린트를 작성한다. 그런데, 서비스 디자인의 핵심이 바로 이들 행위의 디자인이다. 문제 있는 현재의 행위들을, 문제를 극복하기 위해 또 가치를 증진시키기 위해 새로이 디자인된 행위들을 간단히 포스트잇에 쓰는 수준으로 표현하여 서비스 디자인이 가능할까?

7. 상황기반 행위 모델링을 통한 행위 디자인

저자는 서비스 관련자의 모든 행위를 체계적으로 또 구체적으로 표현하는 방법인 상황기반 행위 모델링(Context-based Activity Modeling, CBAM)이라는 방법을 만들었다(Kim & Lee, 11). 예로, (그림 2-14)의 서비스 블루프린트의 기부자의 '기부의류 투입' 행위가 CBAM으로 구체적으로 표현된 것처럼 서비스 블루프린트의 모든 행위는 CBAM으로 구체적으로 표현된다. 서비스의 블루프린트를 간단한 대표 내용으로 일단 표현하고, 구체적 CBAM표현이 연계되는 것이다. 물론 이는 컴퓨터 기반의 서비스 블루프린트 시스템으로 구현되어 있다. CBAM은 행위를 표현하는 표준 Modeling Language라고 볼 수 있다. CBAM은 기술특허로 등록되었다(김용세, 이영곤, 13). 서비스 블루프린트 시스템 및 CBAM은 제품-서비스 시스템 디자인 기술개발 과제에서 개발한 세계 최초의 서비스 블루프린트 소프트웨어 시스템인 ServiceDesignSoftware.com을 통해 관심있는 독자들에게 구체적으로 소개될 수 있다(ServiceDesignSoftware, 12).

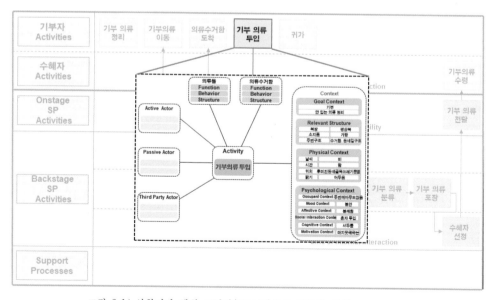

그림 2-14 상황기반 행위 모델링(CBAM)으로 표현된 행위

상황기반 행위모델링

1장에서 서비스 및 서비스 디자인 정의를 얘기할 때, 우리는 체계적으로 3단계로 서비스 디자인이 행위 디자인임을 설명했다. 행위는 행위요소들로 구성되고, 행위요소 중 하나인 행위 상황은 또다시 상황요소들로 구성된다. 이제 이 상황기반 행위 모델링(Context-based Activity Modeling)을 구체적으로 설명한다. 행위(Activity)는 다음의 행위 요소들로 구체적으로 표현한다(그림 2-15).

첫째, 행위를 표현하는 행위 동사로 대표로 표현된다.

둘째, 행위 관련자 Actor로 능동적 주체인 Activite Actor(주행위자), 피동체인 Passive Actor(피행위자), 그리고 단순 관련자인 Third Party Actor(제3자) 등으로 표현한다. 이들 관련자는 사용자모델링 방법을 통해 표현된다.

셋째, 행위의 대상이 되는 행위 대상(Object)이 명기된다. 대상은 제품, 서비스 또는 제품-서비스 시스템의 형태를 갖게 되는데, 이들은 기능(Function), 성질(Behavior), 구조(Structure) 요소를 갖는다. 참고로, 기능, 성질, 구조 등에 대한 설명은 9절 기능과

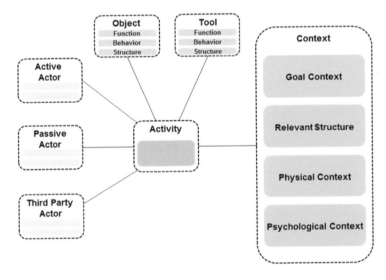

그림 2-15 상황기반 행위 모델

행위 모델링에서 추가로 설명된다.

넷째, 행위를 수행하기 위한 수단으로 사용되는 행위 도구(Tool)가 필요하면 추가적으로 명기된다. 행위 도구도 기능(Function), 성질(Behavior), 구조(Structure) 요소를 갖는다.

다섯째, 행위가 수행되는 상황(Context)이 다음 4가지 상황요소인 목적 상황(Goal Context), 관련 구조 상황(Relevant Structure), 물리적인 상황(Physical Context), 심리적인 상황(Psychological Context) 등으로 표현된다.

상황기반 행위 모델링을 이용한 예로 기차역에서 기차표를 구매하기 위하여 기차표 판매 창구 찾기(Search) 행위를 모델링하는 경우를 들어보자(그림 2-16). Active Actor의 성질로 Ticket Machine을 사용해보지 않았으며 시력이 좋지 않음을 사용자 모델링을 통해 구체적으로 표현할 수 있다. 별다른 도구는 사용되지 않아, Tool 상황은 별도의 명기가 없다. 기차표를 구매하기 위한 목적 상황(Goal Context) 요소, 두 개의 가방, 기차역의 구조 등 관련구조 상황(Relevant Structure), 맑은 날씨와 늦은 오후시간 등 물리적인 상황(Physical Context), 주변에 사람이 많다는 사회적 상황을 포

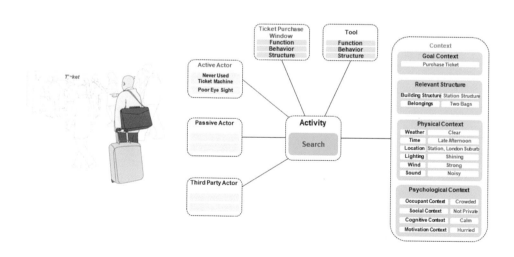

그림 2-16 Ticket Purchase Window 찾기 행위의 상황기반 행위 모델링

함하여 서두른다는 Actor의 상태 등 심리적인 상황(Psychological Context) 등으로 표현한다.

(그림 2-16)에 표현한 행위 상황요소들을 좀 더 설명하면, 관련 구조라 함은 대상에 관련된 구조, 특히 그 대상에 대해 하는 행위, 이 경우 찾기 행위에 관련된 구조적 특징을 표현한다. 물리적인 상황은 날씨, 시간, 장소, 빛, 바람, 소음 등 행위를 수행하는 상황의 물리적 특징을 표현한다. 필요에 따라 각각 상이한 물리적 상황 내용이 이용된다. 이 경우, 시끄러운 기차역에서 햇빛이 눈부시고, 바람도 분다는 상황이 이 Actor의 기차표 판매창구 찾기 행위에 영향을 주었기 때문에 이러한 물리적 상황요소가 이용된 것이다. 심리적 상황은 주변에 많은 사람들이 있었던 상황, 그리고 이 행위가 사적이지 않은 공개된 행위였다는 인간간의 관계가 만드는 상황을 표현하는 사회적 관점들을 이용한다. 또한 이 행위를 수행할 때, 행위자의 서두르기는 했지만 침착했던 동기 상황과 인지적 상황 등이 표현된다. 이러한 구체적인 상황의 표현 없이 행위가 단순하게만 표현된다면, 과연 이러한 행위를 개선하는 작업이 가능할까?

서비스 디자인의 핵심인 행위디자인을 위해, 행위의 체계적인 모델링이 필요하여 만든 CBAM은 Activity Theory(Vygotsky, 78)에서 Activity, Action Verb, Actor, Object 및 Tool의 개념을 가져왔다. 또한 같은 행위라도 상황에 따른 다른 표현이 필요함을 강조하여, ISO의 제품 Usability 표준(ISO, 06)에서 상황요소들을 가져왔다. 그런데, ISO의 상황표준은 네 번째 상황요소로 Social Context만을 다룬 반면, CBAM에서는 Psychological Context로 확장하여 더욱 다양한 상황표현을 가능하게 하였다.

상황요소의 변경을 통한 행위 디자인

(그림 2-15)에서 보듯이, 서비스 블루프린트의 각 행위들은 모두 상황기반 행위모델링으로 구체화하여 표현하게 된다. 물론 이와 같이 많은 정보가 들어간 행위의 표현은 포스트잇으로 불가능하며, 서비스 블루프린트 소프트웨어 환경에서 가능하게 되는 것이다. 상황기반 행위 모델링을 통하여 서비스 블루프린트의 각 행위들의 구체 표현이 가능하게 되어, 이를 통해 제공하고자 하는 가치를 증진시키는 행위 디자인을 할 수 있다.

자, 이제 다시 의류 재사용 서비스 사례로 가서 상황기반 행위 모델링을 이용한 행위 디자인 방법을 살펴보자. 상황기반 행위모델을 기반으로 Actor, 상황요소 등의 수정을 통해 기존 행위의 변경 및 새로운 행위의 생성이 체계적으로 가능하다. 의류 재사용 서비스의 예를 들어 기부할 목적으로 의류 수거함에 의류를 투입하는 행위를 수행할 때 시간은 밤에, 날씨는 비가 오고, 위치는 후미진 동네 골목 등의 물리적 상황에서, 주변에 아무도 없는 주변자 상황에서 혼자인 사회적 상황으로, 불안하고, 불쾌하고, 서두르며, 마지못해 하는 심리적 상황에서 의류 투입 행위(그림 2-17)가 주는 경험적 가치는 긍정적이지 못하다(그림 2-18).

따라서, 보다 긍정적인 행위의 경험을 만들기 위하여, 물리적 상황 요소의 하나인 위치 상황(Location Context)을 후미진 동네 골목 쓰레기통 옆에서 다른 위치로 바꾸어 볼 것을 생각할 수 있다. 편의점 내부라면, 동사무소라면, 아파트 주민센터라면 등등을 고려할 수 있다. 편의점 내부라면 어떨까? 요즈음 웬만한 동네에서 5분 정도만 가면 쉽게 편의점을 찾을 수 있어 가까운 곳에 위치하면 좋겠다는 VoC를 만족시킨다. 비가 와도, 편의점 내부는 비를 안 맞고, 밤에도 환하다. 기부자의 입장뿐 아니라, 수거자 입장에서도, 트럭을 대고 물건을 싣거나, 내리는데, 편의점은 적절하다. 그렇다면 위치 상황을 편의점 속으로 변경시키자(그림 2-19). 그러면 불안하고, 마지못해 한다는 심리적 상황이 안전하고 기꺼이 한다는 심리적 상황으로 바뀐다. 이렇듯, 상황 요소의 변경으로 긍정적인 경험을 제공하는 새로운 행위로의 변경이 가능하다.

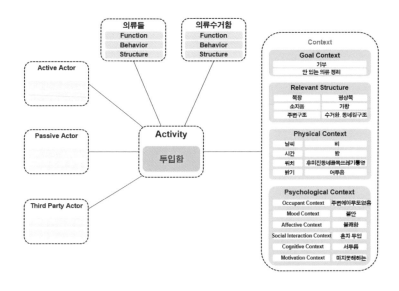

그림 2-17 의류수거함에 의류 투입하기 행위의 상황기반 행위 모델링

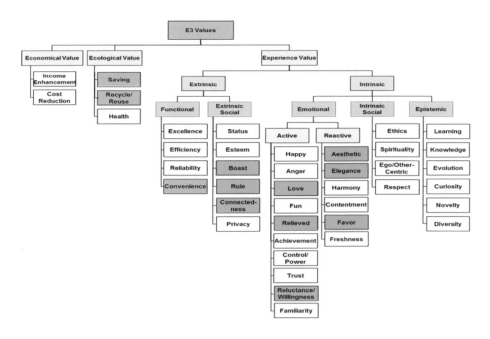

그림 2-18 그림 2-17의 의류 투입하기 행위 시의 E3 가치

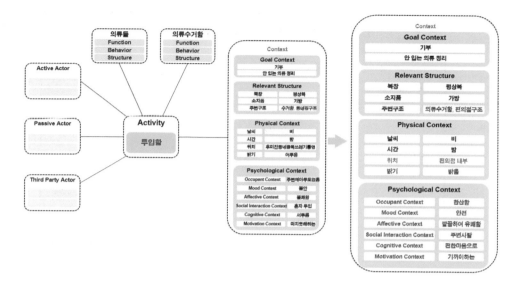

그림 2-19 위치 상황 요소를 편의점내부로 변경하여 얻어지는 의류 투입하기 상황기반 행위
모델링

행위요소 변경을 통한 행위 디자인

또 다른 상황 기반 행위 모델링 방법을 활용한 행위 디자인 예로, 기부의류 포장하기 행위를 생각해보자. As-is의 포장하기 행위의 능동적 행위자는 기부업체이다(그림 2-20). 다른 관련자인 기부자로 포장하기의 능동적 행위자를 바꾼다면 어떨까? 아기가 이제 자라면, 아기가 입던 옷은 아직 상태가 좋은데, 작아져서 더 이상 못 입히게 될 때, 엄마는 그 옷을 빨아서, 단추가 떨어졌다면 단추를 달아서, 예쁘게 포장하여, 그 옷을 입을 수 있는 조카에게 선물하는 경우를 생각할 수 있다. 누군지 모를 수혜자에게 내가 기부한 옷이 전해지겠지만, 마치 이 경우처럼 포장까지 직접 한다면, 옷을 기부하며 갖게 되는 뿌듯함 같은 능동적 정서가치를 더욱 향상시킬 수 있을 것이다. 따라서, (그림 2-20)의 As-is 블루프린트상의 행위자의 변경으로 서비스 경험을 발전시킬 수 있다. 이와 같은 기부자의 새로운 행위와 경험 그리고 그로부터 얻어지는 많은 경험가치가 더욱 개선되면, 선물을 포장하듯 기부된 의류의 수거 및 수거 후 관리과정 전반에 필요한 포장의 기능을 기부자의 행위로 창출하는 서비스 개념

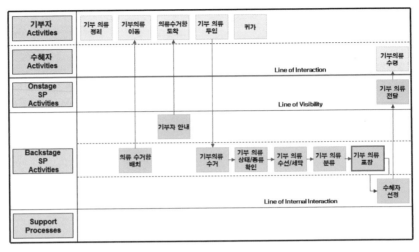

그림 2-20 As-is Service Blueprint

이 가능해졌다(그림 2-21). 수선, 세탁 행위를 담당하는 관련자가 As-is의 기부업체에서 기부자로 바뀌는 디자인 변경도 가능한 것이다(그림 2-21). 이렇듯 기부자의 역할이 많아지게 되는데, 이들 역할을 수행하는 데 경험가치를 발전시키기 위하여 다

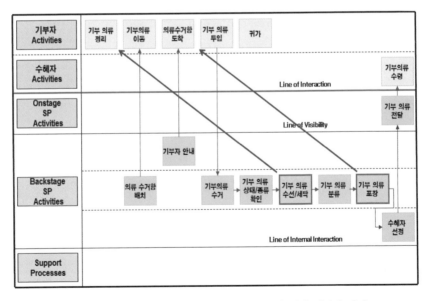

그림 2-21 포장 행위 및 세탁/수선 행위 행위자 변경

른 새로운 행위들이 추가되게 된다. 예를 들어 포장할 재료를 제공하는 행위 및 제공받는 행위, 기부의류에 관한 정보를 기부자가 입력하는 행위, 또한 기부자 정보를 입력받아, 향후 기부 포인트 등으로 다른 가치를 제공하기 위한 기부자 정보 관리 등이 추가된다(그림 2-22).

의류 재사용 사례에서 보듯이, As-is의 서비스 블루프린트에 있는 행위들을 상황기반 행위모델링 방법을 통해 발전시키고, 관련 행위를 새로이 생성할 수 있다. As-is 행위의 행위자들의 관계를 변화시키는 시도를 해 볼 수 있다. 행위 도구가 현재 없다면, 도구를 만들어 볼 수 있다. 현재 있다면 바꾸어 볼 수 있다. 관련 구조들을 살펴볼 수도 있다. 물리적 상황을 바꾸어 볼 수도 있다. 이와 같이 상황기반 행위모델링은 행위 디자인 수행 시 무언가를 시도해 볼 수 있는 체계적인 가이드 역할을 할 수 있다.

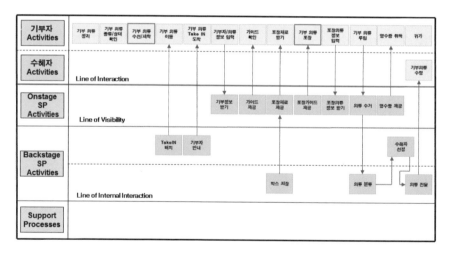

그림 2-22 포장, 세탁/수선 행위가 기부자의 행위로 바뀌고 이를 지원하는 다양한 행위 추가/개선이 수행된 To-be 서비스 블루프린트

의류 TakeIn 제품-서비스 시스템

자, 이제 To-be 서비스 블루프린트가 완성되어 행위 디자인이 되었으니, 이들 행위가 수행되도록 지원하는 제품 측면의 디자인이 필요하다. 우리는 이 의류 재사용 서비스를 의류 TakeIn 프로젝트라고 명명하였다. TakeIn이란 명칭은 사용이 일단 끝난 제품을 재사용으로 다시 불러들인다는 의미이며 성균관대 CDI에서는 의류 TakeIn 뿐 아니라 커피컵 TakeIn, 책 TakeIn 등 다양한 제품-서비스 시스템을 개발하였다.

의류 TakeIn 제품 측면의 디자인을 위해 여러 가지 의류 포장 방법을 고려하였다. 중요한 요구조건은 편의점 내부에서 빨리 포장이 수행되어야 하는 것이다. 이에 원터치 박스라는 누군가 창의적인 사람의 결과물을 이용하기로 하였다. 1초 만에 접혀진 상태의 종이를 박스로 만들 수 있다. 다양한 크기의 원터치 박스들을 의류 TakeIn 시스템이 제공하는 것이다. 또한 포장부피를 줄이기 위한 포장 방법을 시스템의 화면을 통하여 동영상으로 제공하는 기능을 추가하였다. 의류 TakeIn 시스템에 의류를 펼쳐 놓고, 가이드에 따라 포장하게 하는 것이다. 그리고 이 과정에서 기부의류의 대략적인 사이즈 정보를 생성하도록 하였다. 카메라를 이용하여 의류 사진을 찍고 이를 포함하는 최소 크기의 직사각형의 가로, 세로 정보를 의류의 너비, 길이로 구성된 기본 사이즈 정보로 결정하였다.

기부자가 기부자 정보 및 의류 정보를 입력하고, 획득된 사이즈 정보들이 기부과정에서 의류 TakeIn 시스템의 데이터베이스에 저장된다. 그리고 이 정보들을 바코드 스티커 형태로 출력하여 원터치 박스에 부착하게 한다. 특히 원터치 박스의 6면 중 특정한 1쌍의 2면에 바코드 스티커를 붙이게 하고, 이 스티커가 인식되어야 수거함 투입구가 열리게 하면, 수거함에 투입되는 원터치 박스들의 방향을 일정하게 제약할 수 있다. 그러면 준비된 원터치 박스의 부피 및 방향으로부터 수거함 내부에 삽입되어 차곡히 쌓이는 박스들의 부피가 최소치가 되도록 원터치 박스를 투하하는 알고리즘이 기능하여 부피관리가 가능하다. 그리고, IDEO의 Why I give 프로젝트에서 아이디어를 얻어, 기부자가 수혜자에게 보내는 간단한 메모를 바코드 스티커에 추가하였다. 예를 들어, '고급 옷은 아니지만 우리 아기가 입던 옷인데, 이제 그 댁의 아기가 잘 입으면 고맙겠습니다'하고 사랑스런 메시지를 기부의류와 함께 보내는 기부자도, 이를 기부 받아 아이에게 입히는 수혜자도 모두 뿌듯함과 고마움 경험가치를 증진시키게 되는 효과도 가져올 수 있다(그림 2-23).

의류 TakeIn 시스템의 의류수거함 제품디자인이 완성되어 (그림 2-24)와 같은 의류 TakeIn 서비스의 To-be 여정 맵이 만들어진다(그림 2-24). 의류기부자가 직접 세탁, 수선 및 포장까지 핵심적 기능의 대부분을 기부로 수행한다. 기부의류의 정보도 시스템에 입력되고, 기부의류 박스가 차곡차곡 수거함에 쌓이게 된다. 수거자는 수거함의 박스들 채로 수거해간다. 이들 기부의류 박스들은 그대로 보관되고, 기부의류 정보에 기반하여 수혜자를 선정하여, 기부의류를 전달한다. 기부의류를 전달받은 수혜자는 의류뿐 아니라 기부자의 따뜻한 마음까지 받게 되는 것이다. 이렇듯 의류 재사용 문화가 혁신적으로 개선되는 의류 TakeIn 제품-서비스 시스템이 디자인되었다(김용세 외, 11).

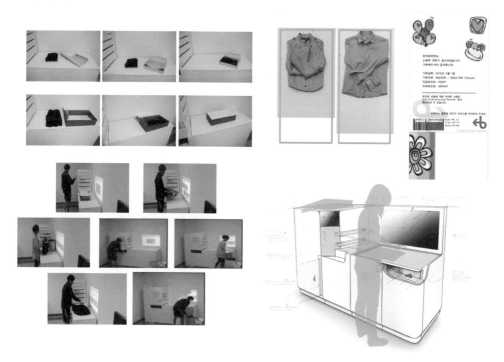

그림 2-23 의류 TakeIn 제품-서비스 시스템

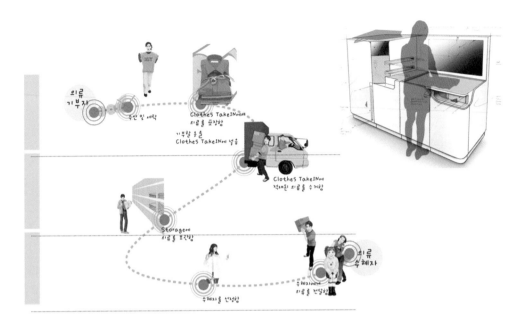

그림 2-24 의류 TakeIn 제품-서비스 시스템 여정 맵

상황 정보의 탐색, 저장, 사용

행위자, 대상물, 도구 등이 같은 행위도 상황에 따라 다르게 구체화된다. 또한 관련된 여러 행위들이 같은 상황 행위 요소를 갖는 경우도 많다. 이런 경우 기존에 표현된 상황 행위 요소를 저장하여, 다른 행위에 반복적으로 사용할 수 있다. 경우에 따라서는 상황 요소 중 일부만을 저장하여 반복 사용하는 경우도 필요하다. 이와 같은 상황기반 행위모델링을 위해, 아래와 같은 체계적인 데이터 구조로 상황 요소를 표현한다. 상황요소는 목적 상황 Class, 관련 구조 상황 Class, 물리적 상황 Class, 심리적 상황 Class 등의 Class들로 구성된다. 이들 상황 Class들은 복수의 Field를 갖고, 해당 Field들은 구체 Value값 들을 갖는다(그림 2-25).

연관된 행위의 표현에, 기존의 다른 상황요소들을 이용하여 새로운 행위 표현이 가능하다. 경우에 따라서는 이들 상황요소의 일부 Field의 Value가 변경되어 상황기반

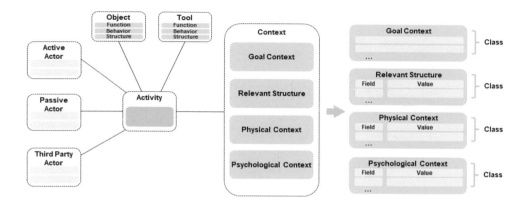

그림 2-25 상황요소 Class - Field, Value

행위를 표현하며, 변경된 상황요소는 또다시 새로운 행위 표현에 이용된다. 예를 들어 앞에서 설명한 기차표 판매 창구를 찾는 행위에 이어서 결국 창구가 없어 자판기를 이용하여 기차표를 구매하는 행위를 생각해보자. 이들은 연속되는 행위들이나 서로 상이한 행위이므로, 각 행위에 대한 상황 정보는 상이할 수 있다. 창구찾기 행위의 목적 상황은 기차표를 구매하기 위함이고, 기차표를 구매하는 행위의 목적 상황은 이동하기 위함이다. 이 두 행위의 물리적 상황은 동일하다. 경우에 따라 각 상황 정보를 정의하기 위한 Field와 각 Field의 Value가 동일할 수 있으며, 이러한 경우 동일한 상황 Class를 공유하여 사용할 수 있다. 눈이 나쁘고 자판기를 이용해 본 경험이 없는 사용자는 결국 자판기를 이용하여 기차표를 구매하는데, 맑은 날씨에 눈부신 빛 환경에서 자판기를 이용한 구매행위를 할 때 걱정스러움이 생긴다. 이때 심리적 상황은 Cognitive Context의 Value가 Calm에서 Worried로 바뀐다. 심리적 상황 Class의 Field를 두 행위에 동일 적용하고 이 중 Cognitive Context의 Field에 해당하는 Value만 변화가 가능하다(그림 2-26).

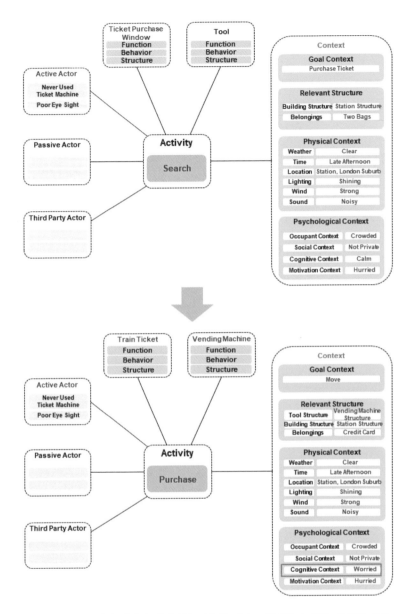

그림 2-26 티켓 창구 찾기 행위와 자판기를 이용한 기차표 구매하기 행위: 심리적 상황
Class - 동일 Field의 다른 Value로 변화(Calm→Worried)

8. 계층적 가치 체계

E3 Value Hierarchy

이해관계자들의 구체적 요구조건 및 E3 가치 체계를 가치주제(Theme), 속성(Attribute), 드라이버(Driver) 등 3단계 수준으로 구성된 계층적 가치 체계(Hierarchical Value Map)으로 구성할 수 있다. Theme은 가치정보의 종류의 주제별로 분류된다. Attribute는 상위 주제단계와 하위 행위요소 단계를 연결하고 긍정적(Pulling)/ 부정적(Pushing) 속성 분류를 갖고 있다. Driver는 관련자의 상황기반 행위 혹은 그것을 구성하는 행위요소를 담고 있으며 서비스 블루프린트에서 표현되는 행위와 연계될 수 있다(그림 2-27). 사례 두 가지로 이해를 증진시키고, 계층적 가치 체계를 이용하여 새로운 서비스를 디자인하는 방법을 소개한다.

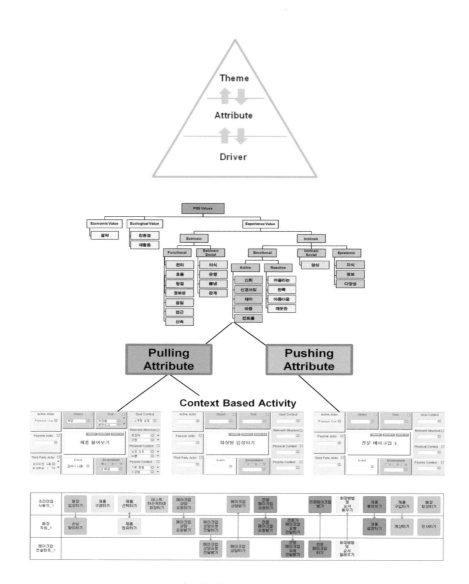

그림 2-27 E3 Value Hierarchy

가치 체계 분석 사례: 동대문 의류 소매장 소비자 경험

동대문 의류 소매장 소비자 경험 분석을 통해, 사용자 요구사항을 분석하고 이를 바탕으로 도출된 E3 가치를 긍정적으로 높일 수 있는 행위와 제품/서비스 요소가 분석되는 과정으로 E3 Value Hierarchy 체계를 이해할 수 있다(그림 2-28).

동대문 의류 소매장의 Hierarchical Value Map을 통해 영역별, 수준별로 가치의 흐름과 체계를 (그림 2-29)에서와 같이 볼 수 있다. 가치주제 압박, 존중, 재미, 짜증, 신뢰, 친절 등을 맨 상위 주제 단계에서 볼 수 있다. Attribute 단계에 기분이 좋은, 부담스러운 등 12가지의 Attribute 등이 있다. Driver 단계에는 구경하기, 좋은 옷 발견하기 등의 행위들이 있다. 현재의 동대문 의류 쇼핑 경험에 대한 Hierarchical Value Map을 보았을 때, 일부 행위들은 이해관계자들의 비선호적인 경험을 반영하는 Pushing Attribute와 연결되어 이해관계자들의 경험 가치를 만족시켜주지 못하는 특정 서비스 요소를 찾아낼 수 있다. 반대로 선호적인 경험을 반영하는 Pulling

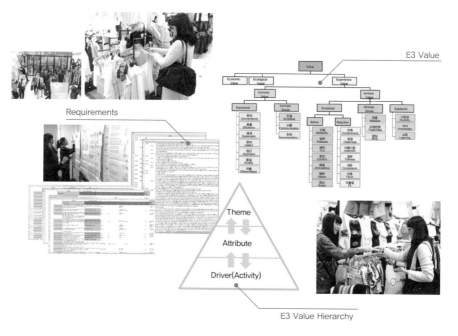

그림 2-28 동대문 의류 소매장 쇼핑경험 E3 가치 체계 분석

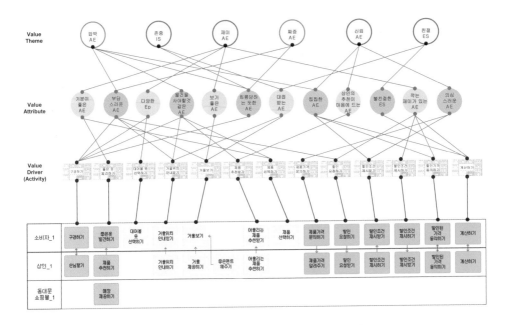

그림 2-29 동대문 의류 소매장 쇼핑 경험에 대한 Hierarchical Value Map(HVM)

Attribute와 연결되는 서비스 요소를 찾아낼 수 있다. 따라서 긍정적 행위들은 향상시키고, 부정적 행위들은 없애거나 최소화하는 방법으로, 동대문 의류소매장 서비스 시스템을 발전시키는 디자인이 가능하다.

E3 가치 중 '재미'라는 Value Theme을 보았을 때, '기분이 좋은', '다양한', '보기 좋은', '깎는 재미가 있는'의 Pulling Attribute들과 연결되며, 이는 '구경하기', '좋은 옷 발견하기', '대어볼 옷 선택하기', '거울보기', '제품 선택하기', '할인 요청하기', '할인조건 제시하기', '계산하기' 등의 Driver들과 연결되어 있다(그림 2-30). 소비자들의 다양한 제품을 고르는, 제품을 대어보는, 가격을 흥정하는 행위에서 '재미'라는 가치가 충족되고 있다. Value Theme 중 '압박'은 Pushing Attribute의 '부담스러운', '물건을 사야 할 것 같은', '희롱당하는 듯한', '찝찝한' 등과 연결되며, 이들은 다시 '구경하기', '거울 위치 안내받기', '거울보기', '제품 추천받기', '제품 선택하기', '할인 요청하기', '할인조건 제시받기', '할인가격 동의하기', '계산하기' 등의 행위들과 연결되어 있다.

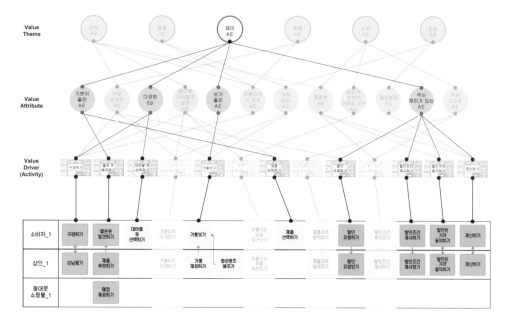

그림 2-30 동대문 의류 소매장 쇼핑경험에 대한 Hierarchical Value Map의 예 – '재미'

목표 가치를 중심으로 분석된 Value Driver(Activity)와 서비스 블루프린트의 행위를 연계해보는 과정을 통해 관련자 행위를 디자인할 수 있으며 이는 곧 E3 가치와 제품-서비스 시스템의 서비스 요소 및 비즈니스 모델을 연계하는 체계로 활용할 수 있다.

가치 체계 분석: 화장품 매장 소비자 경험

화장품 매장 소비자 경험 분석을 통해, 현재 화장품 가게에 대한 사용자 요구사항을 분석하고 이를 바탕으로 도출된 E3 가치를 긍정적으로 높일 수 있는 행위와 제품/서비스 요소가 분석되는 과정, 즉 E3 Value Hierarchy 체계를 볼 수 있다(그림 2-31). 화장방 제품-서비스 시스템은 화장품을 충분히 소지하지 않은 사용자에게 갑작스럽게 화장할 필요가 생겼을 때 화장을 할 수 있도록 하는 제품-서비스 시스템이다. 화장방 사용자는 멤버십 가입을 통해 화장품, 화장도구, 화장대, 거울, 조명 등이 구

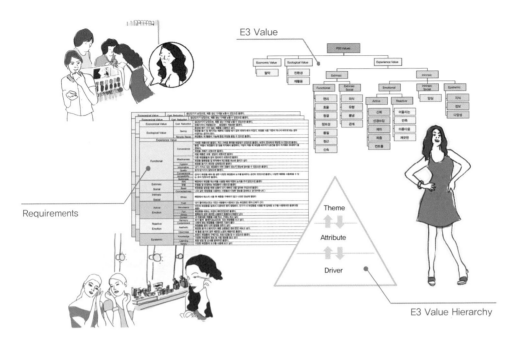

그림 2-31 화장방 제품-서비스 시스템 사례를 통한 E3 가치 체계 분석

비된 메이크업을 위한 공간, 즉 화장방을 이용하여 셀프 메이크업을 할 수 있으며, 추가비용 지급 시 메이크업 상담, 전문 메이크업 서비스를 제공받을 수 있다. 이러한 화장방 서비스를 통해 고객은 메이크업을 위한 편리한 화장품, 화장도구 및 공간을 제공받아 다양한 화장품을 경험할 수 있으며 또한 비교적 저렴한 비용으로 메이크업 상담, 전문 메이크업을 받을 수 있다. 화장방 제품-서비스 시스템 사례는 3장의 비즈니스 모델 전략에 관련한 설명에서 다시 이용될 것이다.

화장방 제품-서비스 시스템의 관련자 E3 가치를 Hierarchical Value Map을 통해 영역별, 수준별로 가치의 흐름과 체계를 그림에서 볼 수 있다(그림 2-32). HVM의 하단 부분 Value Driver(Activity)는 현재의 소비자의 서비스 경험 행위를 시간 순으로 나열함으로써 영역별 상호작용을 나타내며 상황기반 행위 모델링으로 나타내어 행위와 연관된 요소들을 표현함으로써 Value Attribute단계의 요소와의 연계를 도와준다. Value Attribute 단계는 이해관계자들의 긍정적 반응들을 포함하는 Pulling

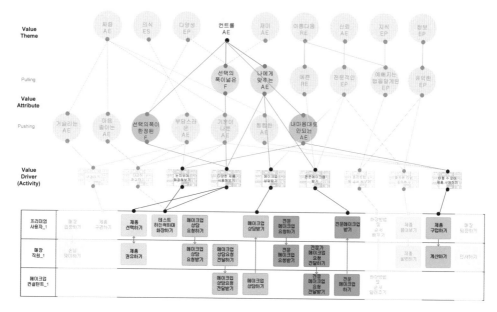

그림 2-32 화장방 Hierarchical Value Map의 예 – '컨트롤'

Attribute와 부정적 반응들을 포함하는 Pushing Attribute로 나뉘어 상위 레벨인 Value Theme 단계의 E3 가치들과 연결되어 있다. HVM의 행위와 서비스 블루프린트의 행위는 연결될 수 있으며 서비스 제공자의 행위와 수혜자의 행위는 하나의 서비스 연계부분을 구성하여 다른 이해관계자들 간의 행위를 함께 분석할 수 있다.

E3 가치 중 '컨트롤'의 가치흐름을 분석해 보면 Pushing Attribute의 '선택의 폭이 한정된', '내 마음대로 안 되는', Pulling Attribute의 '선택의 폭이 넓은', '나에게 맞추는'과 연결되어, 이는 '눈치보며 화장해보기', '다양한 제품 사용해보기', '메이크업 상담받기', '전문 메이크업 받기', '어쩔 수 없이 제품 구입하기' 등의 Driver와 연결될 수 있다(그림 2-32). 이해관계자의 눈치를 보며 화장을 해보는 행위, 다양한 제품을 써 보지 못하는 행위, 어쩔 수 없이 제품을 구매하게 되는 행위에서 '컨트롤'이라는 가치가 충족되지 못하고 있으나, 메이크업 상담, 전문가 메이크업을 받는 행위에서 충족이 되고 있다. 화장방 서비스를 통해, 경험 가치주제인 '컨트롤'을 증진시키기 위해, Value Driver, 즉 행위로 '당당하게 화장해 보기', '메이크업 상담받기', '전문가 메이크업 받기' 등을 만들어, 긍정적인 Attribute를 발생시킬 수 있다.

HVM이용 행위 디자인

서비스 디자인은 행위 디자인이다. 서비스 수혜자의 행위 또는 서비스 제공자의 행위를 디자인한다. 추구하는 구체적 경험가치를 드라이브하는 행위를 디자인한다. 새로운 행위를 디자인할 때, 선행된 서비스 디자인 사례의 경험가치와 행위의 연계 정보를 이용할 수 있다. HVM이 바로 이런 역할을 하기 위해 만들어진 연계 체계이다. 우리는 흔히 경험 많은 디자이너들이 우수한 디자인을 한다고 한다. 이런 디자이너들은 새로운 디자인 과제를 수행할 때, 이미 경험한 디자인 과제들에서 얻은 지식을 활용한다. HVM은 이런 과정을 체계적으로 진행하기 위해, 경험가치주제, 긍정적/부정적 속성, 드라이빙 행위를 체계적으로 연계하여, 저장해 놓는 것이다. 새로운 디자인 과제에서 필요로 하는 경험가치주제가 기존의 과제들에서 어떻게 드라이브 되었는지를 찾아, 이를 기반으로 새로운 행위를 디자인하게 하는 것이다.

동대문쇼핑몰, 화장방, 셀프레스토랑, 헌혈 등 제품-서비스 시스템 사례에서 구성된 HVM들이 (그림 2-33), (그림 2-34), (그림 2-35), (그림 2-36)에서 각각 보여진다. 네 사례에 다 있는 재미라는 능동적 경험가치주제의 긍정적 속성들과 및 행위 드라이버들을 구체적으로 하이라이트했다. 이들 HVM을 재미라는 가치주제의 긍정적 속성 위주로 다시 정리하면, (그림 2-37)에서 보는 바와 같다. 새로운 서비스 디자인 사례

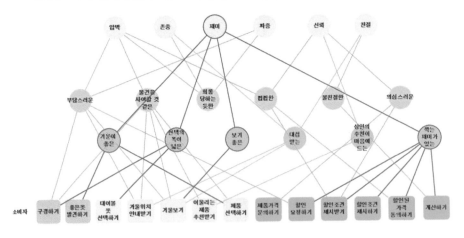

그림 2-33 동대문 쇼핑몰 제품-서비스 시스템 HVM: 재미 경험가치

로 카페 서비스를 생각해 보자. 카페 고객들이 재미를 추구한다는 것이 밝혀졌고, 재미를 드라이브하기 위한 행위가 디자인되어야 한다. HVM 리파지토리에 있는 재미를 드라이브하는 행위들 가운데, 카페에 적용할 수 있는 행위로 헌혈 제품-서비스 시스템 사례(Kim *et al.*, 13a)의 대화하기를 볼 수 있다. 상황기반 행위 모델링을 통해, 대화하기 행위의 행위 요소 일부를 변경하여, 혼자 온 손님들끼리 서로 소개받아 대화하게 하는 서비스가 (그림 2-34)에서 보듯 상황기반 행위모델링 방법을 이용하여, 새로이 디자인된다(그림 2-35).

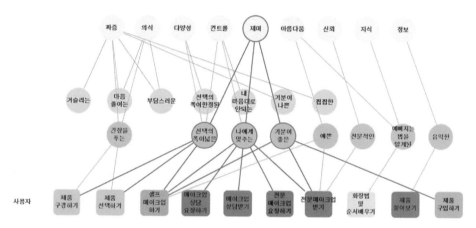

그림 2-34 화장방 제품-서비스 시스템 HVM: 재미 경험가치

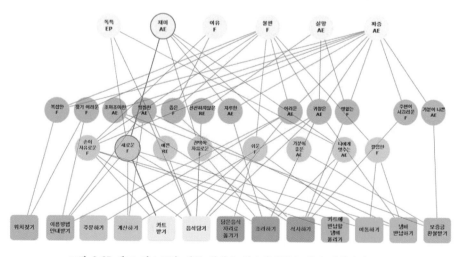

그림 2-35 셀프 레스토랑 제품-서비스 시스템 HVM: 재미 경험가치

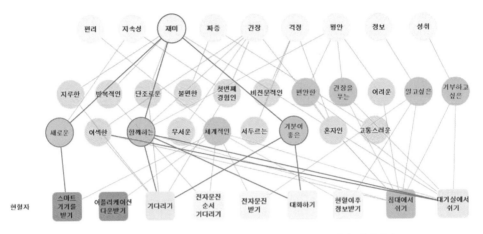

그림 2-36 헌혈 제품-서비스 시스템 HVM: 재미 경험가치

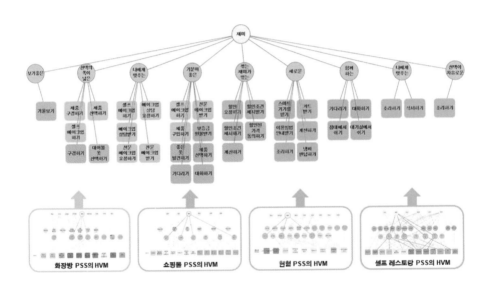

그림 2-37 경험가치 주제 재미의 E3 가치 체계(HVM) 저장 내용

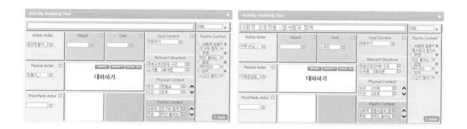

그림 2-38 상황기반 행위모델링 체계를 이용한 헌혈 사례의 대화하기 행위요소와 커피숍
　　　　사례의 대화하기 행위요소

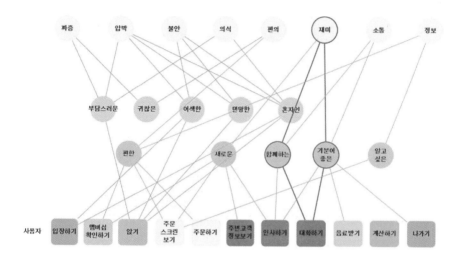

그림 2-39 가치 주제 재미를 포함하는 커피숍 서비스 사례의 HVM

9. 기능과 행위 모델링

기능, 성질, 구조

제품을 설명할 때, 그 제품의 기능(Function), 성질(Behavior), 구조(Structure)를 설명한다(Gero, 90; Umeda *et al.*, 90). 여기서 기능을 먼저 설명해본다. (그림 2-40)에는 색깔은 다르나 같은 모양을 갖고 있는 5개의 컵이 있다. 그리고 다음에 역시 컵이라고 불리는 또 다른 제품이 있다. 이들은 모두 컵이다. 이들 컵의 기능은 무엇인가? 색깔이 다르고, 모양이 다른데, 결국 구조가 다른 것이다. 어떤 컵은 떨어뜨리면 깨지는데, 어떤 컵은 안 깨진다. 이들은 성질이 다른 것이다. 이런 성질은 구조적 특성에 기인한다.

컵의 기능은 물 등 액체를 담는 것(Contain)이라고 할 수 있다(김용세, 14). 사실 컵에는 액체뿐 아니라, 고체 형태의 물건을 담을 수도 있다. 어머니가 시장 볼 때 사용하는 그물 같은 것으로 된 시장바구니도 시장 본 물건을 담을 수 있다. 그런데 여기에는 물은 못 담는다. 자 그럼 일단 물을 대표적인 액체를 일컫는다고 하고, "물을 담는다"를 컵의 기능으로 하자. 컵의 모양, 재질 등은 컵이 이 기능을 제공할 수 있도록 해 주어야 한다. 제품의 기능을 블랙박스의 input과 output으로 표현한다(김용세, 09). 항상 중력이 작용함을 잊어서는 안 된다. 컵의 기능을 간단히 표현하면 (그림 2-41)과 같이 물이 input, output이 된다.

그림 2-40 컵

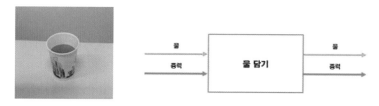

그림 2-41 컵의 기능(상위 개념)

대표적으로 또는 총체적으로, 다시 말하면 추상적으로, 영어로 말하면 High-Level
에서 보면, 컵의 기능은 "물을 담는다"이다. 그러면 할머니가 담궈 놓은 포도주 병을
생각해 보자. 포도주를 담고 있는 포도주 병은 보관 중일 때는 항상 뚜껑이 닫혀있
다. 그러나 앞의 그림에서 보여준 일반적인 컵들은 그런 뚜껑이 없다. 포도주를 담궈
서 컵에 보관하지는 않는다. 즉 컵이란 물을 담아 놓는 시간이 비교적 짧다. 따라서
그 기능에는 담아 놓는 상태 이전과 이후의 기능이 포함되어야 한다. 즉, 물을 부어서
컵 속에 넣는 기능, 물을 따라내어 밖으로 배출하는 기능이 포함된다. 그런데 이들 간
에는 명백한 순서가 존재한다. 물을 받아들이고, 담고, 그리고 그 다음에 배출한다.

따라서 컵의 상위 개념의 기능 및 하위 개념으로 분할된 기능 등을 블랙박스에 표현
하면 (그림 2-42)와 같다. 여기에 입·출력 내용을 함께 표현하는데, 물이 들어가고, 담
아져 있고, 배출된다. 일반적으로 제품의 기능은 에너지(Energy), 물질(Material), 신호/
정보(Signal/Information)의 입출력으로 구성된다. 하위 기능들 간에 선후관계를 직렬
로 구체적으로 표현한다. 선후관계가 없는 하위 기능들은 병렬로 연결되어 구성된다.

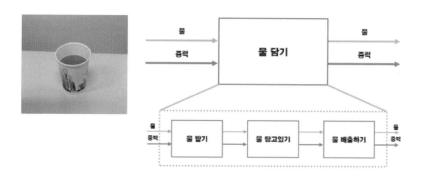

그림 2-42 컵의 기능(기능 분할)

물을 받고, 담고, 배출하는 기능을 제공하는 다른 제품들을 생각해보자. 컵과 닮은 꼴의 모양을 갖고 있으나 그 크기가 큰 대야를 생각해보자. 비닐 봉지도 위의 기능을 제공한다. 물병도 그 기능을 제공한다. 그렇다면 어떤 부가적 기능이 컵을 이들과 차별화하나? 위의 세 제품은 과연 어떤 구조적 공통점이 물 받기, 담기, 배출하기의 기능을 공유하게 하나? 그러면 이 제품들의 구조적 차이점은 무엇인가? 이런 구조 특성으로 이들 제품은 어떤 성질을 갖는가? 사실 이런 부분들을 결정하는 것이 설계고 디자인이다.

컵은 사람이 이용하는 제품이며 사람과 상호작용을 한다. 사람이 컵을 이용하는 행위가 사실은 모든 설계/디자인의 원초적 핵심이다. 커다란 대야는 사람이 쉽게 조작하기 어렵다. 자, 이제 사람이 상호작용함을 기능분할로 표시하자. 비닐봉지와 컵의 구조적 차이점은 무엇인가? 아니면 성질의 차이점은? 물을 담고 있는 컵이건, 비닐이건 이들은 중력이 작용하는 상황에서 그 기능을 제공한다. 그런데 (그림 2-43)에서 보듯 컵은 테이블 위에 스스로 안정되게 위치하고 있다. 물이 여전히 담겨있다. 그러나 비닐봉지를 테이블에 놓으면 비닐봉지의 구조적 특성으로 물을 담고 있지 못하고 다 흘리게 된다. 결국 테이블에 스스로 안정적으로 있을 수 있는 기능이 차이점이다. 이 부분을 보완한 컵의 기능 분할은 (그림 2-44)의 하단부분과 같이 표현된다. 상호작용을 하는 손과 테이블을 기능 박스의 위쪽에 표시했다.

그림 2-43 컵, 대야, 비닐봉지

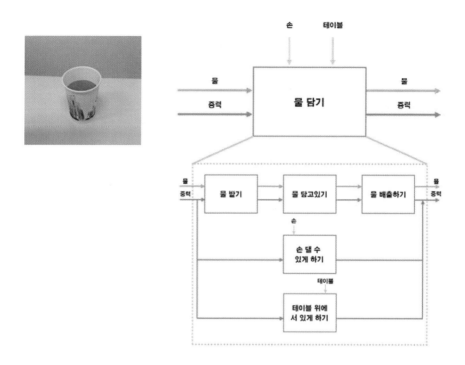

그림 2-44 컵의 기능 분할

설계/디자인은 왜 하는가? 핵심목적은 너무도 당연하게 인간이다. 사람이다. 사람이 잘 먹고, 잘 살기 위해 자연이 제공하지 않은 인공물을 이용하게 된다. 이 인공물은 어떤 경우에는 제품으로, 어떤 경우는 서비스로, 사실은 제품-서비스 시스템으로 제공되고, 이들 인공물과 사람의 행위가 설계/디자인된다. 자, 핵심은 사람의 행위 디자인, 즉 서비스 디자인이다. 컵은 왜 있는가? 사람들이 (그림 2-45)에서 보는 바와 같은 행위를 하는 데 컵이 이용된다. 이런 행위를 하는 것이 궁극적으로 중요한 것이다. 자, 컵이라는 제품의 인간 행위를 생각해보자. 사람이 어떤 행위를 하나? (그림 2-46)에서 보듯이, 컵 잡기, 컵 놓기, 컵에 음료수 따르기, 음료수 있는 컵 잡고 들기, 마시기, 컵 다시 놓기 등의 행위를 한다.

그림 2-45 컵 이용 행위

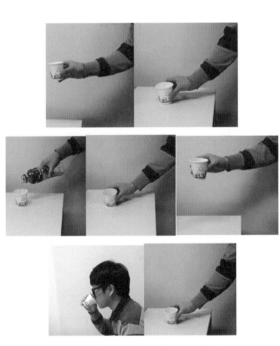

그림 2-46 컵 잡기, 컵 놓기, 컵에 음료수 따르기,
음료수 있는 컵 잡고 들기, 마시기, 컵 다시 놓기

컵은 위와 같은 사람의 행위를 자연스럽게 유발하고, 컵의 기능을 제공하기 위한 구조적 특성을 가져야 한다. 인간의 행위를 디자인하고, 이들 행위에 관련된 제품의 기능을 디자인하고, 이들 기능과 행위를 가능하게 하는 수단으로서 제품의 구조를 디자인하는 것이 가장 바람직한 순서이다. 자, 이제는 컵의 이러한 기능의 제공과 사람 행위의 유발을 담당하는 컵의 구조 요소, 즉 행위유발 특징형상들을 살펴보자.

제품과 인간의 상호작용은 제품이 구조적으로 해당 행위유발 특징형상을 갖고 있고 이에 따른 메시지를 인간에게 제공하면 이를 인간이 지각하여 상호작용이 이루어진다. 컵의 행위유발 특징형상들이 (그림 2-47)에서 보여진다. 컵의 밑면이 평평하고, 안정적이어야 테이블 등에 놓기를 유발한다. 컵의 옆면이 손으로 잡을 수 있게 되어 있어야 손으로 잡기가 가능하다. 만일 유리조각들이 옆면에 박혀 있다고 가정하면, 누구도 컵을 손으로 잡지 못할 것이다. 컵의 입구부분이 오픈된 구조가 컵이 물

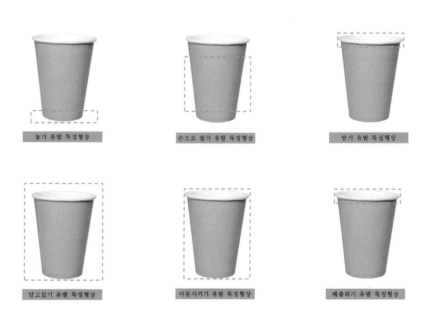

그림 2-47 컵 행위유발성 및 행위유발 특징형상

을 받기를 가능하게 하는 특징형상이고, 또 이 부분이 배출하기를 가능하게 하는 특징형상이기도 하다. 이 특징형상이 인간의 행위 관점에서는 컵에 물을 따르게 하고, 컵의 물을 마시게 하는 행위를 유발하는 특징형상이다. 컵에 물 등을 담을 수 있는 오목한 부피 특징형상이 있다. 이것이 바로 담기를 유발한다. 컵의 크기나 무게 등이 쉽게 들고 다닐 수 있는 구조라는 점이 이동시키기를 유발한다. 이 예로 제품의 형상을 설계하는 것은 실은 이들 행위유발 특징형상들을 설계하고, 이것들을 잘 조합 합성하는 것임을 알 수 있을 것이다.

행위유발성(Affordace) 및 행위유발 특징형상 등의 개념을 정리하면, 다음과 같다. 다양한 인간의 행위가 수행되는 모습이 (그림 2-48)에서 보여진다. 인간과 사물의 상호작용도 있고, 인간과 서비스 또는 인간과 인간의 상호작용도 있다. 인간의 행위(Activity)는 지각(Perception), 판단(Judgement), 행동(Action)의 3단계로 이루어진다. 행위와 행동의 차이점에 주의해야 한다. 행위는 행동뿐 아니라 지각과 판단을 포함한다. 이 행위를 구체적으로 표현하기 위해, 상황기반 행위모델링 방법을 이용한다.

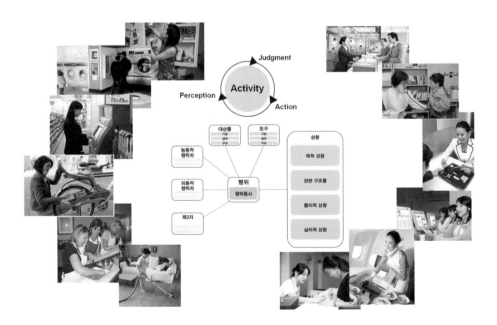

그림 2-48 인간-제품 상호작용 및 인간-서비스-인간 상호작용

인간이 행위를 할 때, 제품 또는 서비스가 제공하는 메시지로서 인간이 지각했을 때 이의 도움으로 자연스럽게 행위가 유발되게 하는 메시지가 행위유발성이다. 행위유 발성을 제공하는 제품 또는 서비스의 구조적 요소가 행위유발 특징형상(Affordance Feature)이다.

10. 제품-서비스 시스템 기능 모델링

제품-서비스 시스템의 기능을 표현하기 위해서는 에너지, 물질, 정보 등의 흐름에 추가적으로, 서비스 제공자 및 수혜자 등의 관련자 표현이 필요하다. (그림 2-49)에 서 보듯, 블록좌상부에 서비스 제공자를, 블록우하부에 서비스수혜자를 표시한다.

입력요소와 출력요소 및 기능블록을 이용하여 종합기능과 서비스제공자/수혜자를 정의한다. 종합기능 및 서비스 제공자/수혜자를 수개의 하위기능 및 하위 서비스제 공자/수혜자로 분할하여 표현한다. 제품-서비스 시스템 기능을 5개의 하위 기능으 로 분할한 예를 (그림 2-50)에서 보여 준다. 상위 기능의 제공자 및 수혜자는 하위 기 능의 제공자들 및 수혜자들의 집합으로 구성된다.

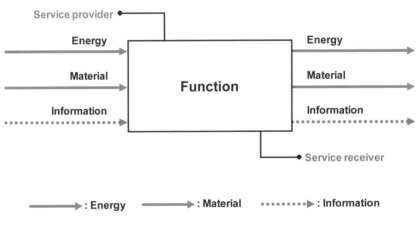

그림 2-49 PSS 종합기능 표현 도식

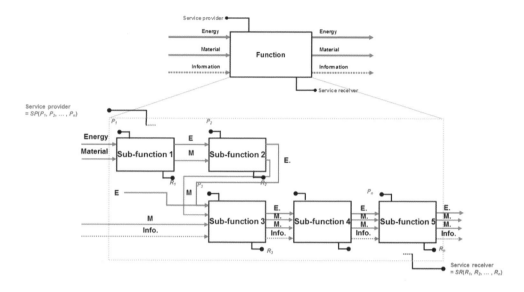

그림 2-50 PSS 하위 기능 블록 분할

제품 –서비스 시스템 기능 모델링 – 의류 재활용 사례

재활용 의류를 수집하고 공급하는 전체 기능을 (그림 2-51)과 같이 표현한다. 서비스 제공자는 의류재활용 관리부서로 서비스 수혜자는 기부자, 수혜자로 구성된다. 또한, 기능에 필요한 흐름 요소들을 제품-서비스 시스템 기능 모델링 도식을 이용하여 표현된다.

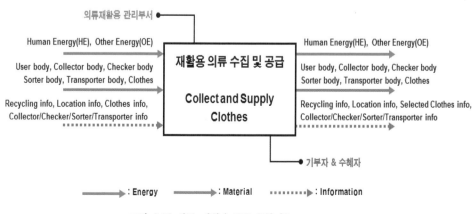

그림 2-51 의류 재활용 PSS 종합기능

재활용 옷의 수집 및 공급이라는 종합기능이 옷 기부자를 안내하고 접근하는 기능, 재활용 옷을 수거하고 보관하는 기능, 재활용 옷을 수거 이동시키는 기능, 재활용 옷을 분류, 적재, 전달하는 4개의 하위 기능으로 분할되어 (그림 2-52)와 같이 표현된다. 또한, 각각의 기능에 해당하는 서비스 제공자와 수혜자도 함께 표현된다. 이들 4개의 하위기능들은 다시, Guide User와 Import User, Import Clothes와 Keep Clothes, Import Collector, Collect Clothes와 Move Clothes, Classify Clothes, Store Clothes와 Transfer Clothes 등으로 각각 다시 분할된다. 이 수준에서 관련자들은 약어로 표현하였고, 약어 표현은 그림의 우측 상단에 있는 박스에 설명되어 있다. 하위 기능 간 상호연계 및 서비스 제공자와 수혜자의 관점을 고려하여 PSS 기능 블록다이어그램을 생성하게 된다(그림 2-53). 이를 통해 제공하고자 하는 서비스의 전반적인 구조와 흐름을 알 수 있으며 추후 서비스 제공자와 수혜자의 행위와 연계하여 구체적인 PSS 컨셉 도출이 가능하다.

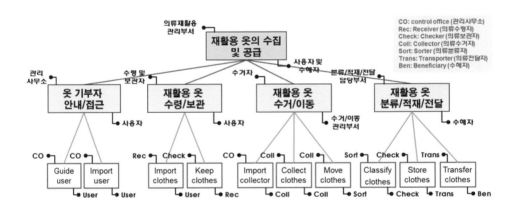

그림 2-52 의류 재활용 기능 분할

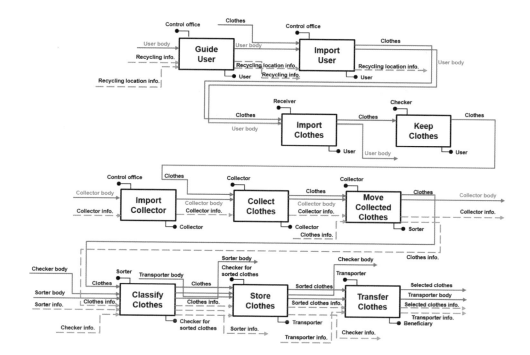

그림 2-53 의류 재활용 기능 블록 다이어그램

11. 서비스 요소

서비스 제공자와 수혜자의 상호작용 행위 및 이를 직접 지원하는 연계행위들을 모아 서비스 요소(Service Element)를 정의한다. 결국 제품-서비스 시스템은 서비스 요소들과 이들 서비스 요소에 상응하는 제품 요소들로 구성된다(Wu, 2011). 서비스 요소는 행위 디자인 및 기능 모델링을 연계하여 정의한다. 서비스 요소는 제품-서비스 종합기능 중 특정 하위기능과 그에 연계된 서비스 제공자와 수혜자의 행위들로 표현된다. 예를 들어 우산대여 제품-서비스 시스템 기능에는 우산제공 기능이 있다. 이에 연계된 서비스 요소가 정의될 수 있다. 우산제공 서비스 요소는 대여자의 우산제공하기 그리고 사용자의 우산에 접근하기, 우산받기, 우산 가지고 이동하기 행위가 상호작용을 통해 일어나므로, (그림 2-54)와 같이 표현한다. 서비스 제공자의 행위들이 왼쪽 위쪽 서비스 제공자 옆에 표현되고, 서비스 수혜자의 행위들이 오른쪽 아래쪽 서비스 수혜자 옆에 표현된다.

제품-서비스 시스템의 서비스 블루프린트는 다양한 관련자의 행위들을 연계한 제품-서비스 시스템의 표현이다. 제품-서비스 시스템은 또한 기능 모델링으로 표현된다. 이 두 가지를 연계하는 목적으로 저자는 기능연계 서비스 블루프린트(Service Blueprint with Functions)를 정의하였다(김용세 외, 14a). 제품-서비스 시스템의 행위관점과 기능

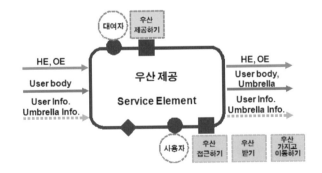

그림 2-54 우산제공 서비스 요소

관점이라는 두 가지의 서로 다른 관점을 (그림 2-55)에서 보듯 연계하여, 서비스 블루 프린트의 새로운 Lane으로 기능 Lane을 생성하고, 각 기능 요소에 해당하는 블록 을 기능 Lane에 입력한다. 기능 요소의 관련자 정보를 이용하여, 기능 Lane의 각 기 능 요소들을 관련 행위들과 연계하여 (그림 2-56)과 같이 기능연계 서비스 블루프린 트를 만든다. 각 기능요소에 관련 행위를 연계하여 서비스요소를 정의한다.

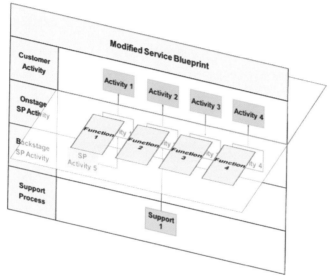

그림 2-55 행위-기능 연계

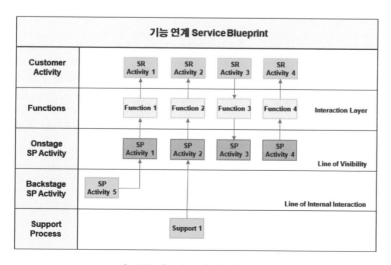

그림 2-56 기능연계 서비스 블루프린트

12. 제품 요소 디자인

제품-서비스 시스템은 서비스 요소들과 각 서비스 요소를 가능하게 하는 제품 요소 들로 구성되는 것이다. 과연 행위들로 구성된 서비스 요소와 물리적 구조인 제품 요 소를 어떻게 연계할 것인가? 이 문제를 해결하는 것은 쉽지 않은 연구 과제였다. 과 연 일반적인 제품 디자인 방법이 아닌, 체계화된 제품 요소의 디자인 방법을 어떻게 만들어낼 수 있을까? 관련자의 가치를 증진시키는 구체 행위를 디자인하고, 이들 행 위를 가능하게 하는 물리적 구조물인 제품 요소들의 디자인 방법을 만들어내야 하 는 것이다. 이를 가능하게 한 것이 저자가 오랫동안 연구해 온 분야인 행위유발성 개념이다. 행위유발성을 제공하는 인공물의 구조 특성이 행위유발성 특징형상이다. 서비스 요소에 해당하는 제품 요소 디자인(Product Element Design)은 해당 서비스 요소의 행위들을 유발하는 특징형상들의 디자인으로 수행된다.

많은 연구자들이 행위유발성의 중요성을 강조해 왔지만, 행위유발성 기반 디자인 방법론을 체계적으로, 구체적으로 제안한 경우는 거의 없다. 체계적인 행위유발성 기반 디자인 방법론은 저자가 개발하여, 한국과 미국 특허로 등록된 행위유발 특 징형상 저장소 이용 방법이 있다(Kim, 15; Kim et al., 18). 당연히 이 방법이 제품 요소 디자인에 이용된다.

행위유발성을 찾아내는 체계적인 방법으로는 Keiich Sato 교수의 Function-Task Interaction(FTI) 방법을 이용한다(Galvao & Sato, 05). 제품의 Function들과 이 제품을 사용하는 사용자의 Task들을 Matrix의 종과 횡으로 나열하여, 각각의 Function과 각각의 Task들의 연관성을 물리적 연관성, 심리적 연관성 등의 관점으로 표현한다. 이들 FTI 연관성들을 그룹핑하여 행위유발성을 찾아낸다. Sato 교수는 Task라는 상 위개념의 용어를 이용한 것인데, 결국 이 Task는 사용자의 행위들로 이루어진다. 따 라서 저자는 Function-Task Interaction 대신, Function-Activity Interaction(FAI) 을 이용한다.

따라서, 제품 요소 디자인은 해당 서비스 요소의 기능과 관련자 행위간의 상호작용 (Function-Activity Interaction)으로부터 행위유발성을 찾아내고, 행위유발성 특징형 상들을 디자인하여 이들의 융합으로 제품 요소를 디자인한다. 서비스 요소에 해당 하는 행위유발성은 1개 이상이다. 이들 행위유발성 각각에 복수 개의 행위유발 특 징형상이 디자인된다. 이들 행위유발 특징형상을 이용하여 Morphological Chart 방식으로 제품 요소가 디자인된다. 이 방법은 제품-서비스 시스템의 행위관점과 기 능관점을 연계한, 행위 기반의 제품 요소 디자인 방법으로 (그림 2-57)에 정리되어 보 여진다(Kim *et al.*, 12).

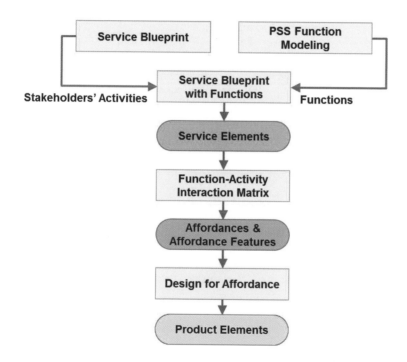

그림 2-57 행위유발성을 이용한 제품 요소 디자인 방법

행위유발 증진 디자인

저자의 행위유발 증진 디자인(Design for Affordance) 방법은 (그림 2-58)에서 보듯, 다음과 같이 진행된다. Function-Activity Interaction 방법 등으로 행위유발성을 도출한다 (1). 행위유발 특징형상의 저장소에서 도출된 행위유발성의 특징형상들을 찾는다 (2) (3). 저장소의 행위유발 특징형상들 중 현 Target 특징형상의 Design Constraint (5)와 가장 유사한 저장소 내의 특징형상을 찾는다 (4). 이어 이렇게 구해진 특징형상의 Source로 하는 유사추론을 통해 행위유발 특징형상을 디자인한다(Kim, 15).

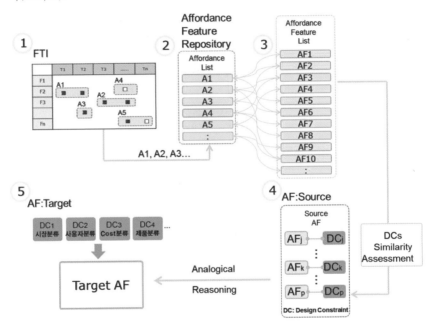

그림 2-58 기능-행위 연계기반 행위유발디자인

제품 요소 디자인: 우산 대여 제품-서비스 시스템 사례

갑작스런 일기의 변화로 비가 오는 상황에서 지하철역사와 같이 접근성이 좋고 유동인구가 많은 공공장소에서 우산을 간편하게 대여하고 반납할 수 있는 제품-서비스 시스템이 디자인되었다. 자동화기기를 이용한 우산대여 및 반납 서비스를 제공한다. 서비스 요소 중 하나인 우산 제공 서비스 요소를 생각해보자. 우산제공 서비스 요소에서는, (그림 2-59)에 표현되어 있듯이, 대여자의 우산제공하기 그리고 사용자의 우산에 접근하기, 우산받기, 우산 가지고 이동하기 등의 행위가 상호작용을 통해 일어난다.

이들 행위와 우산을 제공하는 기능을 연계하여 Affordance를 도출한다. 대여자가 우산을 제공하는 행위를 유발하는 Provide-ability, 사용자가 우산 대여 서비스에 접근하는 행위를 유발하는 Access-ability, 우산을 받는 행위를 유발하는 Receive-ability, 우산을 잡는 행위를 유발하는 Grasp-ability, 우산을 가지고 가는 행위를 유발하는 Take out-ability, 이동하는 행위를 유발하는 Move-ability 등의 행위유발성이 (그림 2-60)에서 보듯 FAI에 의해 도출된다. 도출된 행위유발성들을 이용하여 행위유발 특징형상 저장소(그림 2-61)에서 각 항목들의 디자인 제약조건을 만족하는 행위유발 특징형상들을 선택한다.

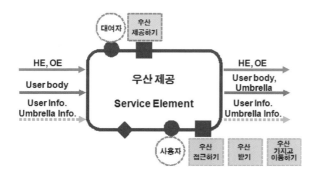

그림 2-59 우산제공 서비스 요소

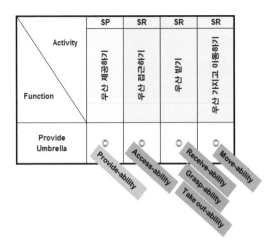

그림 2-60 행위-기능연계 기반 행위유발성 도출

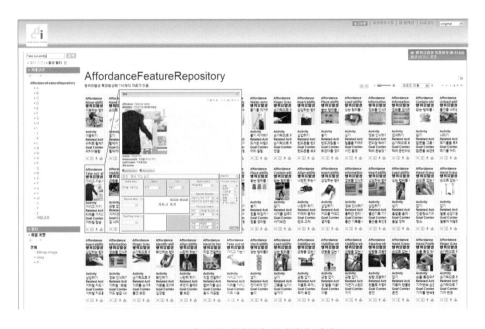

그림 2-61 행위유발 특징형상 저장소

선택된 행위유발 특징형상을 이용하여 유사추론 방법(Daugherty & Mentzer, 08) 으로 Target 행위유발 특징형상을 새롭게 디자인한다. 지하철 우산렌탈 서비스는 사용자의 보행에 방해되지 않으며 복잡한 지하철에서 공간 활용도가 높아야 하고 신속하게 대여 및 반납되어야 한다. 이러한 디자인 제약조건을 만족시키기 위해 Take out-ability의 행위유발 특징형상들 가운데 Source 행위유발 특징형상으로 개찰구에서 승차권을 뽑아 지나갈 수 있는 구조인 행위유발 특징형상을 선택한다. 기존의 지하철 개찰구의 구조와 비슷한 형태로써 우산 대여시 사용자가 걸어가면서 우산손잡이를 잡아당겨 가져갈 수 있는 구조를 새롭게 디자인한다. 이 과정이 (그림 2-62)에 보여진다.

각 행위유발성의 Target 행위유발 특징형상들을 위와 같은 방법으로 행위유발 특징형상 저장소를 이용하여 다양하게 여러 디자인스케치를 하고 이를 Morphological Chart로, (그림 2-63)에서 보듯이, 구성한다. Provide-ability에서는 당김 구조, 들어올리는 구조, 꺼내는 구조, Access-ability에서는 사방에서 접근하는 구조, 방향성을 준 구조, 한쪽에서 접근하는 구조, Receive-ability에서는 튀어 올라오는 구조, 꺼내는 구조, 떨어지는 구조, Grasp-ability에서는 손잡이구조 1, 손잡이구조 2, Take out-ability에서는 당겨 가져가는 구조, 들어 가져가는 구조, 꺼내 가져가는 구조, Move-ability 지나갈 수 있는 구조 등으로 우산제공 제품 요소의 Morphological Chart를 구성한다.

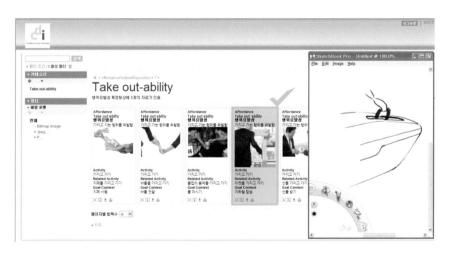

그림 2-62 행위유발 특징형상 디자인

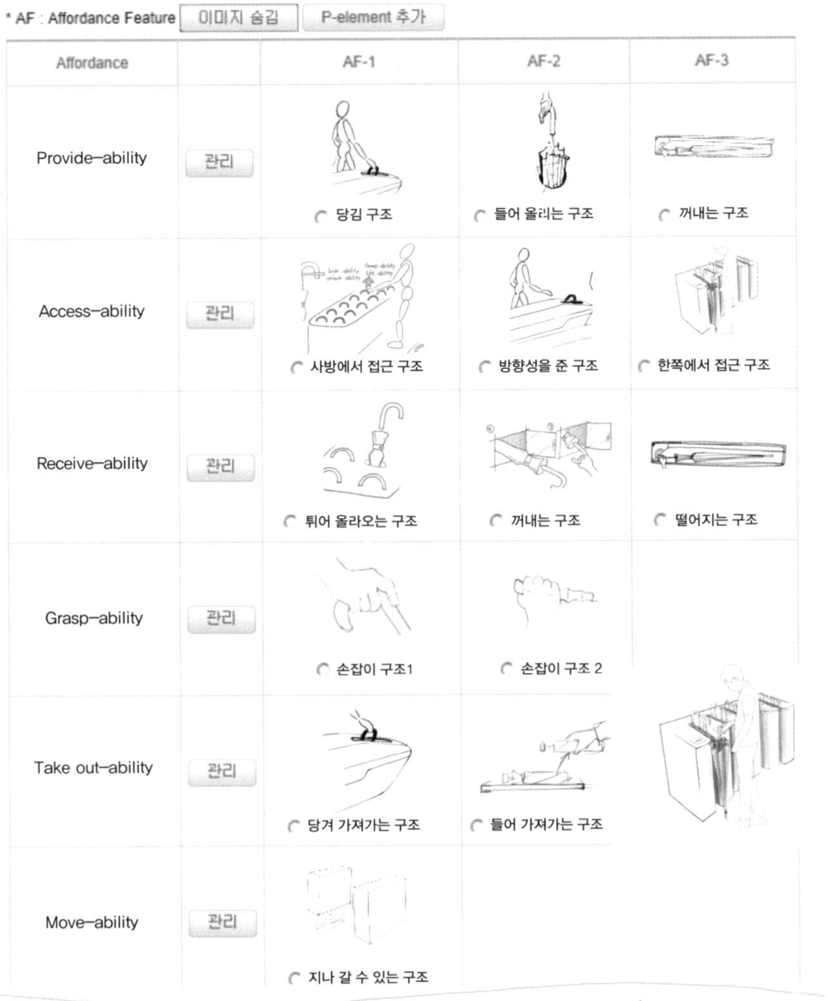

* AF : Affordance Feature [이미지 숨김] [P-element 추가]

Affordance		AF-1	AF-2	AF-3
Provide-ability	관리	○ 당김 구조	○ 들어 올리는 구조	○ 꺼내는 구조
Access-ability	관리	○ 사방에서 접근 구조	○ 방향성을 준 구조	○ 한쪽에서 접근 구조
Receive-ability	관리	○ 튀어 올라오는 구조	○ 꺼내는 구조	○ 떨어지는 구조
Grasp-ability	관리	○ 손잡이 구조1	○ 손잡이 구조 2	
Take out-ability	관리	○ 당겨 가져가는 구조	○ 들어 가져가는 구조	
Move-ability	관리	○ 지나 갈 수 있는 구조		

그림 2-63 우산제공 제품 요소의 행위유발 특징형상 Morphological Chart

행위유발성 항목별 여러 가지 아이디어로 제안된 행위유발 특징형상 디자인 중 가장 적절한 디자인스케치들을 선별하고 조합하여 최종 제품 요소 디자인을 완성한다. (그림 2-64)에서 보듯, Provide-ability의 당김 구조, Access-ability의 방향성을 주는 구조, Receive-ability의 튀어나오는 구조, Grasp-ability의 손잡이 구조, Take out-ability의 당겨 가져가는 구조, Move-ability의 지나갈 수 있는 구조가 최종 선정된다.

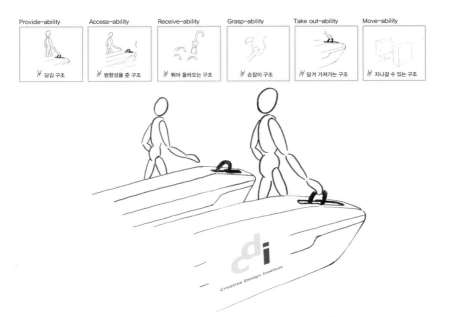

그림 2-64 우산 제공하기 Product Element 디자인

최종선정된 Target 행위유발 특징형상들을 조합하여 우산을 대여하고 제공받는 관련자들을 위한 제품 요소를 (그림 2-65)와 같이 디자인하였다. 우산대여 서비스 요소에서의 제품 요소 디자인 프로세스와 같은 방법으로 우산반납 서비스 요소의 제품 요소를 디자인하였다. 우산을 반납하는 관련자의 행위와 이를 지원하는 기능을 연계하여 다음의 7개의 행위유발성을 도출하였다: Water remove-ability, Identify-ability, Move-ability, Umbrella store-ability, Leave-ability, Receive ability, Umbrella stack-ability. Water remove-ability의 우산 물받이, Leave-ability, Receive ability의 우산 투입구, Identify-ability의 사용자 인식장치, Move-ability의 지나갈 수 있는 구조, Umbrella stack-ability의 우산 보관함의 조합으로 우산 반납 과정에서의 제품 요소가 디자인되었다. 우산을 반납함과 동시에 우산사용자와 우산이 반납된 시간을 인식하고 자연스럽게 젖은 우산의 물기를 제거할 수 있게 디자인하였다. 또한 반납된 우산을 곧바로 정리하여 보관할 수 있는 내부구조와 혼잡한 지하철에서 다른 사용들의 방해 없이 우산을 신속하고 편리하게 반납하고 떠날 수 있는 구조로 (그림 2-66)에서 보듯이 디자인하였다.

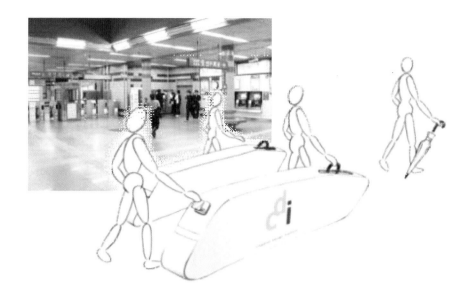

그림 2-65 우산 대여 제품 디자인

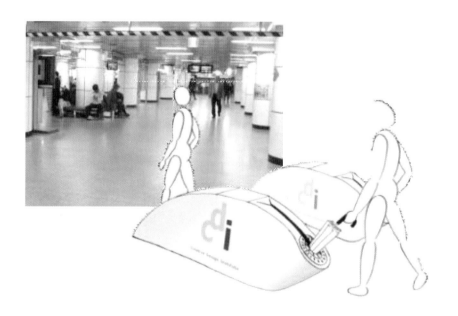

그림 2-66 우산 반납 제품 디자인

13. 제품 요소 디자인: 의류 TakeIN 제품-서비스 시스템 사례

기능 모델링

의류 수거라는 기능의 경우 기부자의 가정에 있던 이미 사용된 의류를, 수혜자에게 사용 가능한 상태로 전달하는 전반의 구체적인 기능으로 모델링된다. 이를 가능하게 하려면, 의류수거 시스템은 적절한 자격을 갖고 있는 수거자가 수거함에 모아진 의류를 해당 보관 공간으로 이동시키는 기능을 제공하여야 한다. 이런 방법을 통해, 현재 동네 골목에 있는 의류 수거함을 기반으로 의류 TakeIN 제품-서비스 시스템 전반의 기능은 약 20여 개의 하위기능으로 모델링되었다(그림 2-67).

기존의 의류수거함에서 새로이 추가된 기부 의류 포장 행위를 지원하는 구체화된 기능은 Import Packaging Material, Store Packaging Material, Provide Packaging Material과 Process Packaging, Import Packed Clothes, Store Packed Clothes 등이다.

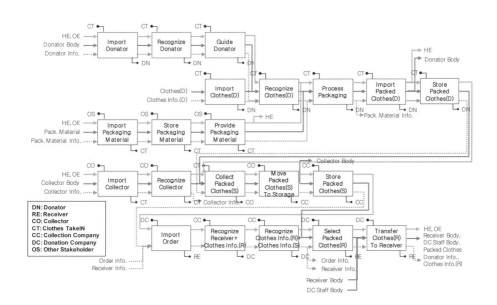

그림 2-67 의류 TakeIN 제품-서비스 시스템의 기능 모델링

행위-기능 연계

기능 모델링을 통한 각 기능을 수행하는 서비스 요소들을 기능에 연계된 관련자의 정보를 통해 서비스블루프린트상의 행위와 연계를 한다. 서비스 수혜자인 기부자의 포장 재료를 받는 행위와 포장하는 행위, 서비스 제공자의 포장재료를 주는 행위와 포장을 안내하는 행위는 Provide Packaging Material, Process Packaging 기능과 연계되어 Clothes Packaging 서비스 요소가 (그림 2-68)에서와 같이 정의된다.

앞에서 정의된 Clothes Packaging 서비스 요소로부터 관련자와 관련자의 행위 그리고 기능을 이용하여 (그림 2-69)와 같이 서비스 요소의 표현체계가 구성된다. 서비스 제공자의 Give, Guide 행위, 서비스 수혜자인 기부자의 Receive, Package 행위가 표현되어 있듯, 해당 서비스 요소의 핵심 행위이다.

행위유발성을 이용하여, 서비스 제공자와 수혜자의 행위와 기능을 연계하여 제품 요소의 디자인이 가능하게 된다. 행위와 기능의 상호작용을 FAI(Function-Activity Interaction) Matrix를 이용해 도출함으로써 서비스 제공자 및 수혜자의 행위를 유발하는 행위유발성을 (그림 2-70)에서 보는 바와 같이 정의한다.

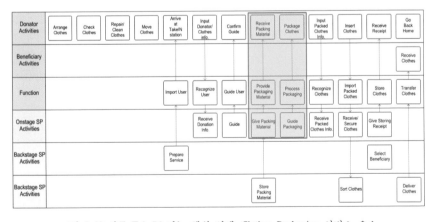

그림 2-68 의류 TakeIN 기능 행위 연계: Clothes Packaging 서비스 요소

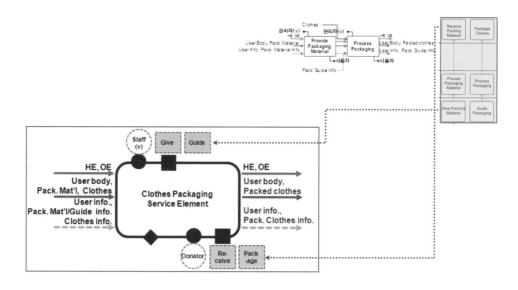

그림 2-69 Clothes Packaging Service Element

Function\Activity	Staff (V)	User	Staff (V)	User	◆: Physical Interaction
	Give Material	Receive Material	Guide Packaging	Packaging	O: Cognitive Interaction
					⊙: Both
Provide Packaging Material	◆	◆			
	Pack mat'l supply-ability	Pack mat'l obtain-ability			
Process Packaging			O	⊙	
			info. retrieve-ability, info. transfer-ability	info. recognize-ability, Clothes locate-ability, Clothes fold-ability, Contain-ability, Open/Close-ability	

그림 2-70 Clothes Packaging Service Element - Function-Activity Matrix

서비스 제공자의 관점에서 포장 재료 공급을 유발하는 Packing material supply-ability, 기부된 옷의 정보를 가져오고 전달하는 행위를 유발하는 Information retrieve-ability, Information transfer-ability를 정의한다. 서비스 수혜자의 관점에서는 제품 포장 재료를 얻는 행위를 유발하는 Packing material obtain-ability, 자신이 기부하려는 옷의 정보를 인식시키는 행위를 유발하는 Information recognize-ability, 옷을 특정 장소에 놓고 접는 행위를 유발하는 Clothes locate-ability, Clothes fold-ability 등을 정의하였다.

앞에서 도출한 행위유발성의 관련된 행위가 가능하도록 하는 행위유발 특징형상들을 옷을 기부하는 상황의 제약 조건에 맞게 스케치함으로써, 이들의 조합을 통한 구체적인 제품 요소의 도출이 가능하다. Packing material supply-ability의 경우 기부자에게 포장 재료를 공급하는 자연스러운 행위를 가능하게 하는 행위유발 특징형상으로 Packing Material Storing Structure, Slot 유형의 구조, Rack 구조 등을 생각할 수 있다. Packing material obtain-ability의 경우 기부자가 포장 재료를 얻는 자연스러운 행위가 가능하도록 하는 잡아 뽑는 구조, 당기는 구조, 튀어 오르는 구조 등의 행위유발 특징형상들을 생각할 수 있다.

각각의 행위유발 특징형상 중에서 Slot 유형의 구조, 당기는 구조를 선정하여 조합함으로써 구체적인 제품 요소의 일부가 디자인되었다. 이러한 과정은 다른 행위유발성의 행위유발 특징형상 스케치에도 비슷하게 적용된다. 이를 통해 기부자와 수거함의 상호작용의 구체 물리적 터치포인트 디자인이 (그림 2-71)과 같이 이루어진다.

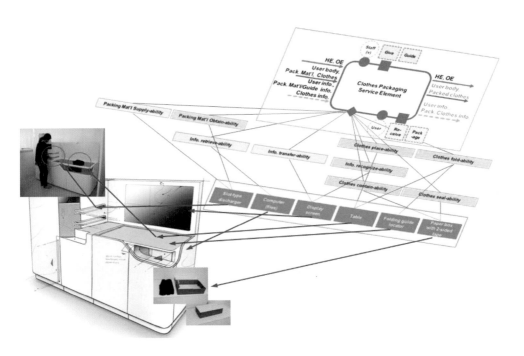

그림 2-71 서비스 요소 및 제품 요소의 연계를 통한 PSS 개념안 생성

의류 기부자의 포장 서비스 기부 행위를 추가하여 디자인한 의류 TakeIN 제품-서비스 시스템은 이러한 행위가 소비자로부터 자연스럽게 유발되고, Active Emotion Experience 가치가 증진되도록 의류 TakeIN의 제품 요소가 (그림 2-72)와 같이 디자인 되었다.

왼편의 박스 배출장치의 상판은 기부의류를 담아온 쇼핑백 등 기부자의 소지품을 올려놓는 행위를 유발할 수 있도록 높이와 형상이 디자인되었다. 소형화면의 아래쪽, 테이블의 좌측에는 휴대폰, 음료수 등 기부자의 간단한 소지품을 잠시 놓는 행위를 유발하는 오픈형 포켓이 있다. 이 오픈형 포켓의 크기는 박스 배출시 소지품과 박스와의 충돌이 발생하지 않음을 유발할 수 있도록 디자인되있다.

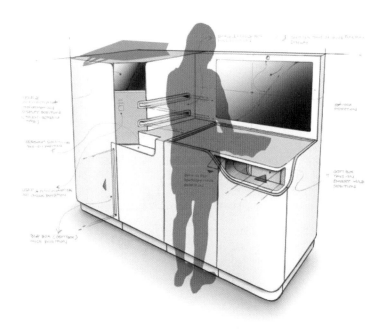

그림 2-72 의류 TakeIN 시스템과 기부자 행위 스케치

의류 TakeIN 컨셉

의류 TakeIN 제품-서비스 시스템은 저자가 개발한 제품-서비스 시스템 디자인 과정을 통하여 의류 재사용 단계를 혁신한 사례이다. 이를 통해 제품의 지속적인 재사용이 가능해짐으로써 환경적 가치 측면에서 의의를 갖는다. 또한, 환경적 가치와 더불어 기존의 의류 수거함에서 찾을 수 없었던 다양한 경험적 가치를 제공하고 이에 기반한 행위를 디자인함으로써 기부라는 행위를 자연스럽게 유발하고 기꺼이 옷을 기부하도록 새로운 서비스가 (그림 2-73)과 같이 디자인되었다. 의류 기부자의 의류포장 행위 기부가 포함되어, 의류정보의 제공 등 많은 과정이 기부자에 의해 수행되고, 이에 기반하여 효율적으로 하위과정이 진행되며, 기부자, 수혜자 모두 긍정적인 능동적 정서 가치를 경험하는 완전히 새로운 의류 재사용 서비스와 문화가 새로이 탄생한 것이다.

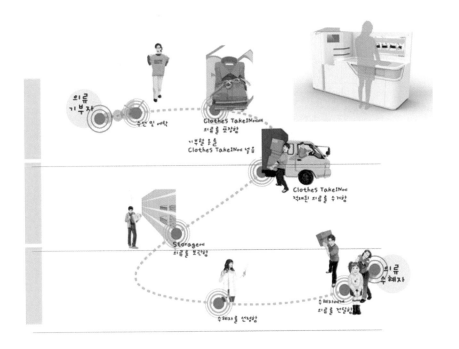

그림 2-73 의류 TakeIN 제품-서비스 시스템 컨셉

기부자/수혜자/수거자 등 관련자의 지속적인 행위 정보의 축적으로 만들어지는 이들의 관계, 그리고 여러 기부자들의 사회적 연계성, 수혜자의 사회가치인 수혜 관련 프라이버시 등 커뮤니티 이슈 혁신 등으로 발전할 수 있다. 의류 투입 행위의 Location Context 변환을 통해 동네의 후미진 골목에서의 기부가 아닌 밝은 편의 짐 내부 등에서 기부함으로써 기부자의 다양한 경험가치를 증진시킬 수 있다. 또한, 헌 옷을 기부자 스스로 직접 수선/세탁하여 간편한 포장 방법을 통해 기부함으로써 기부자와 수혜자에게 뿌듯함 등의 능동적 정서 경험 가치를 제공한다. 의류 재사용 TakeIN 제품-서비스 시스템 전, 후의 E3 가치의 변화를 (그림 2-74)에서 볼 수 있다. 이와 같이 의류 재사용 서비스 및 문화를 혁신적으로 바꾸는 제품-서비스 시스템이 디자인된 것이다.

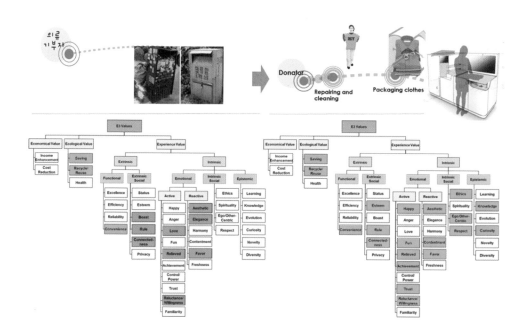

그림 2-74 의류 TakeIN 제품-서비스 시스템을 통한 다양한 경험 가치 증진

03

Business Innovation Service Design

제품-서비스 시스템 비즈니스 모델

저자가 연구책임자로 수행한
지식경제부 제품-서비스 시스템 디자인 기술개발과제에서 개발된
제품-서비스 시스템 비즈니스 모델 분석 방법을 소개하고,
제품-서비스 시스템 디자인 과정과 비즈니스 모델 전개 과정을 연계할 수 있는
비즈니스 모델 진화 분석 방법을 소개한다.

1. 비즈니스 모델 분석 및 디자인

의류 TakeIn 비즈니스 관점

기부자가 의류를 수거함에 투입하는 위치 상황을 동네 후미진 골목에서 편의점 내부로 변경하여 만들어진 의류 TakeIn 제품-서비스 시스템은 의류 재사용 문화의 이노베이션을 가져올 혁신적인 제품-서비스 시스템 디자인 사례라고 할 수 있다. 전자신문의 김순기 기자님은 우리 의류 TakeIn 사례를 접하고는, 아주 좋은 서비스 디자인 사례라 칭찬하고는 예리한 질문을 던졌다. "그런데 편의점 등을 이용하는 이 서비스의 비용은 누가 지불하나요?" 정부가 또는 시, 도 등 지방정부가 이를 감당할까? 아니면 제일모직, LG패션 등 대기업의 의류기업이 관심을 갖을까? 사용자의 경험가치를 증진시키는 서비스가 지속적으로 운영되기 위해서는 비즈니스 관점에 대한 분석과 적절한 비즈니스 모델의 디자인이 필요하다. 물론 대부분의 제품-서비스 시스템들은 비즈니스 관점에서 만들어진다. 따라서 제품-서비스 시스템 디자인과 비즈니스 모델 디자인은 서로 밀접해 연계되어야만 한다.

만일 의류 대기업의 임원에게 의류 수거함이 편의점에 설치된 의류 TakeIn 서비스에 대한 관심을 문의하면, 아마 별다른 반응을 얻기 쉽지 않을 것이다. 그런데, 동네 후미진 골목이라는 위치 상황을 편의점 내부로 바꾼 의류 TakeIn이 아니라, (그림 3-1)처럼 위치 상황이 해당 기업 의류 아웃렛 매장으로 바뀐다면, 그래도 좀 더 관심을 가질 것이다.

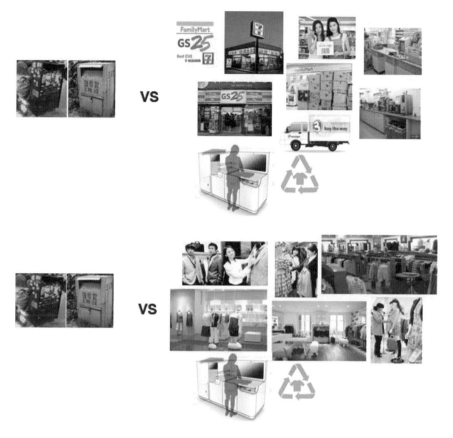

그림 3-1 위치 상황 변경: 편의점 내부 또는 아웃렛 매장 내부

2. 고객 가치 연계 분석

자, 이제는 의류 매장에 수거함이 있는 의류 TakeIn 서비스를 생각해보자. 의류 매장에서의 가치 교환을 생각해 보자. 크게 보면 의류매장, 소비자 등 두 관련자의 가치 교환을 볼 수 있다. (그림 3-2)에서 보듯이, 소비자는 돈을 지불하고, 의류를 가져간다. 그런데 이 매장에 의류 TakeIn 시스템이 들어가면, 관련자들이 확장된다(그림 3-3). 의류 기부를 받는 수혜자가 추가된다. 이 관련자는 기존의 매장에는 전혀 관련이 없던 관련자이다. 그리고 이들 관련자들간의 가치 교환이 변화한다. 소비자는 의류 구매 의도가 없어도 매장에 가게 된다. 이러한 방문자체가 매장 입장에서는 의미가 있는 가치인 것이다. 물론 기부하는 의류를 가지고 간다. TakeIn 시스템으로부터 소비자는 의류 기부 포인트 및 의류 포장 관련 정보 등을 얻게 된다.

그리고, 매장은 새로이 고객에 관한 정보를 얻게 된다. 예를 들어, 여성복 매장인데, 여성 소비자가 의류 TakeIn에 남자 옷을 정기적으로 기부한다면, 이 소비자에게 남성 의류에 관한 광고가 의미 있을 수 있다는 마케팅 정보를 얻을 수 있을 것이다. 물론, 의류 기부자인 이 소비자는 정기적 방문을 하게 되어 매장과 소비자 간의 관계를 형성할 수 있다. 그리고, 기부 의류 수혜자는 의류를 전달받고, 해당 의류매장에 대한 인식의 개선을 갖을 수 있다. 예를 들면 수익에만 관심 있는 기업이 아니고, 사회적 기여에도 관심을 갖는 기업이라는 재평가를 할 수 있다.

이와 같이 제품-서비스 시스템의 관련자들간의 가치 교환을 구체적으로 표현함을 통해서 비즈니스 이슈를 고려할 수 있다. 이 방법은 Stanford Design Division 교수인 Kosuke Ishii가 제안한 Customer Value Chain Analysis(CVCA) 방법이다 (Donaldson et al., 06). 고객 가치 연계 분석이라고 번역된다. 관련자들 간의 가치 교환을 속성이 추가된 방향성 그래프(Attributed Directed Graph)로 표시하는 것이다.

M Manufacturer C Consumer

그림 3-2 의류 매장 CVCA

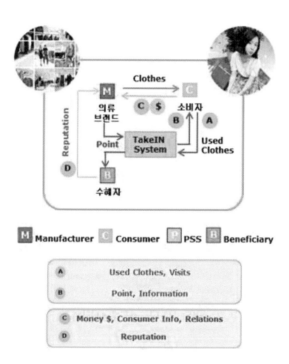

M Manufacturer C Consumer P PSS B Beneficiary

A	Used Clothes, Visits
B	Point, Information
C	Money $, Consumer Info, Relations
D	Reputation

그림 3-3 의류 TakeIn CVCA

고객 가치 연계 분석 사례: 놀이터 서비스 디자인

CVCA 방법의 예를 하나 더 소개한다. 성균관대 융합디자인 프로젝트 수업에서 학부생 팀들 중 한 팀은 어린이 놀이터 서비스 디자인 프로젝트를 수행했다. 서울 어떤 동네의 어린이 놀이터에는 어린이가 없는 현실이 있었다. 낮에는 어린이들 대신 담배를 피우 불량학생들이, 저녁에는 어린이들 대신 술을 먹는 불량아저씨들이 놀이터에 있었다(그림 3-4). 엄마들은 아이들이 놀이터에 간다고 하면, 차라리 집에서 게임을 하라는 정도의 문제가 있었다. 이 프로젝트는 빼앗긴 놀이터를 아이들에게 되돌려 주기 프로젝트였다.

핵심 솔루션은 놀이터는 그래도 요즈음 도시 동네에서 자연을 접할 수 있는 환경이라는 점에 대한 인식에서 시작되었다. 간단하게라도 자연학습을 하는 행위를 줄 수 없을까? 요즈음 어린이들은 집에서는 왕자고, 공주다. 한 집에 1~2명의 아이들이 부모의 사랑을 독차지하고 자라나면서, 하고 싶은 대로, 갖고 싶은 대로 자란다. 그런데 놀이터에 가면 그네를 동네 다른 아이들과 같이 이용해야 한다. 뽀로로 만화에서 뽀로로와 크롱은 서로 더 많이 그네를 타려고 서로 다투다, 끝날 때에서야, 서로 사이 좋게 나누어 타야 한다는 것을 깨닫고, 뽀로로는 "크롱, 미안해. 사이좋게 번갈아 타자" 하며 에피소드가 끝난다. 이렇듯, 놀이터는 아이들이 사회성을 배우는 행위를

그림 3-4 놀이터 서비스 디자인

가능하게 할 수 있다. 이런 학습 서비스를 제공하기 위해서, 학생팀은 As-is에는 없던 새로운 관련자를 만들었다. 놀이터 코디네이터라는 새로운 관련자를 추가한 것이다. 놀이터 코디네이터는 자연학습과 사회성학습의 코디네이터이다. 그리고 이런 관련자는 만일에 불량학생들, 불량아저씨들이 나타나면, 근처 파출소에 신고라도 해서, 아이들의 놀이터를 지켜주는 역할도 할 수 있다. 놀이터 코디네이터가 핵심적 역할을 하는 놀이터 학습 서비스의 져니 맵이 (그림 3-5)처럼 만들어졌다.

이 어린이 놀이터 학습 서비스 이전의 CVCA는 (그림 3-6)과 같다. 아이는 놀이터로부터 놀이시설 제공의 가치를 받고, 학부모에게 만족감이라는 가치를 준다. To-be CVCA(그림 3-7)에 새롭게 놀이터 코디네이터라는 관련자가 등장한다. 아이들은 안전, 재미, 보호, 교육, 사회성 등의 가치를 놀이터 코디네이터로부터 제공받는다. 여러 놀이터에 놀이터 코디네이터를 제공하는 코디네이터 에이젼시라는 관련자가 등장하고, 결국 이 에이젼시는 코디네이터에 일자리라는 가치를 제공한다. 그리고 자격있는 코디네이터들은 임용시험 합격 후 임용대기 중인 초등학교 교사 대기자들로 구성하여, 일자리 창출이라는 가치를 교육청에 제공하여, 정부의 일자리 해결이라는 사회적 효과의 가치를 제공한다.

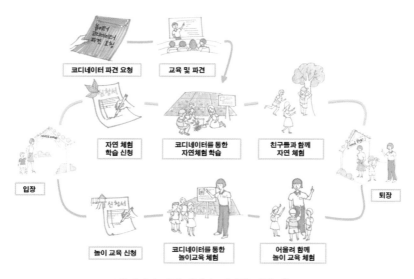

그림 3-5 놀이터 서비스 디자인 여정 맵

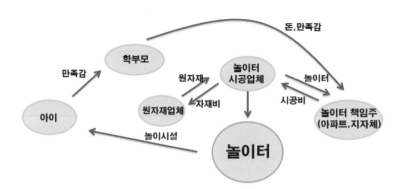

그림 3-6 놀이터 As-is CVCA

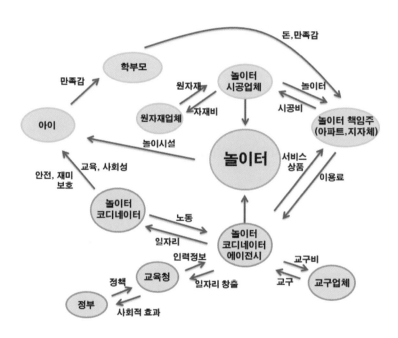

그림 3-7 놀이터 서비스 디자인 To-be CVCA

3. 비즈니스 모델 캔버스

비즈니스 모델은 기업 활동에 대한 청사진을 담은 최상위 개념으로, 제품-서비스 전략뿐 아니라, 마케팅 및 유통, 공급자와 잠재적 경쟁자를 포함한 이해관계자, 고객에 대한 핵심적 가치 제안 등을 담는 개념적 프레임워크로 널리 활용된다.

혁신적 비즈니스 모델에 대한 관심의 증가와 함께, 디자인적 사고의 중요성이 새롭게 부각되고 있다. 이러한 흐름을 반영하여 비즈니스 모델 역시 디자인의 대상이라는 관점이 제시되었는데, 오스터발더는 그의 박사학위 연구(Osterwalder, 04)에 기반하여 비즈니스 모델 캔버스(Business Model Canvas)를 제시하였다(Osterwalder & Pigmeur, 10). 크게 고객(Customer) 측면, 인프라(Infrastructure) 측면, 재정적(Financing) 측면 및 가치제공(Offer) 측면으로 나누었다(그림 3-8).

그리고 (그림 3-8)에서 보는 바와 같이, 고객 측면은 다시 고객은 누구인가(Customer Segment), 고객과의 관계를 어떻게 만들어 나갈 것인가(Customer Relationship), 고객과의 접점은 어떻게 할 것인가(Customer Channel) 등의 3 관점(Aspect)으로 구성하였다. 인프라 측면은 가치제공을 위해 해당 비즈니스는 무엇을 해야 하는가(Key Activities), 어떤 자원이 필요한가(Resources), 그리고 어떤 파트너들과 어떻게 협력할 것인가(Key Partners) 등의 3관점으로 구성하였다. 어떤 비용이 필요한지(Cost Structure) 및 수익을 어떻게 확보할 것인가(Revenue Streams) 등의 2 관점으로 재정 측면을 구성하였다. 그리고 가치제공(Value Proposition)이라는 관점 등 총 9개의 관점(Aspect)으로 비즈니스 모델을 설명할 것을 제시한 것이다.

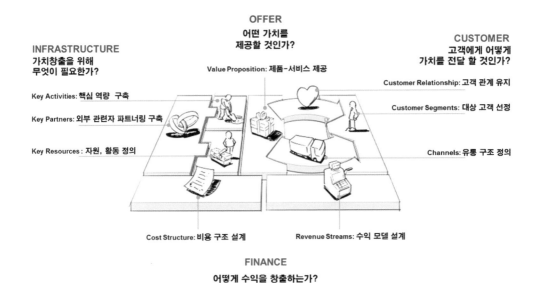

그림 3-8 비즈니스 모델 캔버스(Osterwalder & Pigneur, 10)

비즈니스 모델 캔버스는 특히 이들 9개의 관점들을 비즈니스 디자인 과정에서 마치 그림을 그리듯이 캔버스 판(그림 3-9)에 디자이너들이 포스트잇을 각 관점에 붙여가며 고려할 수 있도록 하는 기여를 한 것이다. Osterwalder가 제시한 예시로 iPod/iTunes 사례에 대한 비즈니스 모델 캔버스를 하나 소개한다(그림 3-10). iPod/iTune 제품-서비스 시스템이 제공하는 가치는 음악을 듣는 고객층을 대상으로 한다. 그런데 이 Customer Segment는 엄청 크다. 이 고객들과의 Channel은 Apple Store 및 기타 소매점들, iTunes Store 및 Apple.com 등으로 다양하다. 고객관리 관점은 고객과의 Love 마케팅이라 할 수 있는 고객 관리 전략이다. Revenue Stream은 iPod 제품 판매 수익 및 iTunes를 통한 음원 판매 Commission 등으로 다변화된다. 필요한 Resource는 인력, 브랜드, iPod 제품 개발 능력, iTunes 서비스 개발 능력, 컨텐츠 등이다. 이들을 자원으로 하여 Apple이 수행한 Key Activity는 iPod 제품 개발 및 iTunes 서비스 개발이다. 이를 위한 협력 Partnership으로는 iPod 제품 생산 협력회사뿐 아니라, 음원회사도 중요한 역할을 하게 하였다. Cost는 인건비, 제품 생산비 및 브랜드 마케팅/판매 비용 등이 있다.

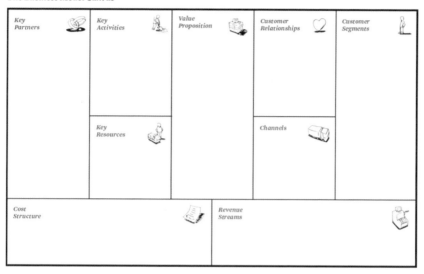

그림 3-9 비즈니스 모델 캔버스 프레임(Osterwalder & Pigneur, 10)

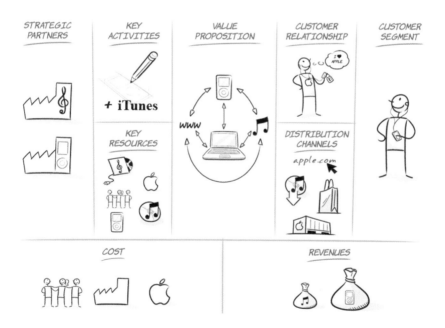

그림 3-10 iPod iTunes 제품-서비스 시스템의 비즈니스 모델 캔버스(Osterwalder & Pigneur, 10)

비즈니스 모델 캔버스의 9가지 비즈니스 모델 관점들은 단순히 기존 경영 이론들에서 추려낸 항목들의 나열이 아니라, 일련의 유기적인 연관 관계를 지니고 있다. 따라서 비즈니스 모델을 디자인 함에 있어서도 일정한 순서에 따라 다양한 비즈니스 모델 후보들을 찾아내 나가야 하는 것이다.

비즈니스 모델 디자인에 있어서의 출발점은 어떠한 고객을 목표 대상으로 삼는가에 대한 고려이다. 목표 고객이 정해지면, 이들에게 제시할 가치제안을 고민하여야 한다. 이러한 가치제안이 어떠한 접점과 채널을 통해 전달될 것인가를 결정해야 한다. 그리고 고객과의 관계를 어떻게 형성하고 유지해 나갈 것인지를 결정하게 된다. 이러한 캔버스상의 우측 요소들의 그림이 정해지면, 최종적 사업 성과라 할 수 있는 아래쪽에 있는 예상 현금 흐름을 그려낼 수 있게 된다.

이러한 사업이 지속되려면, 캔버스 좌측의 항목들이 결정되어야 하는데, 핵심 활동에 대한 정의와 이를 가능케 하는 핵심적 자원의 결정이 그 다음 단계가 된다. 보다 효율적인 외부 자원 및 역량 활용을 위해 외부 파트너 네트워크와의 협력 가능성 역시 비즈니스 모델 완성에 필수적인 고려요소가 된다. 이러한 좌측의 활동 및 자원에 대한 고려가 끝나면, 최종적으로 전반적인 비즈니스 모델의 비용 구조가 결정되게 된다.

이러한 비즈니스 모델 디자인 과정은 사업기획의 일반적 흐름과도 잘 연결된다. 신규 사업을 준비하고 검토하는 조직에서는 비즈니스 모델 캔버스를 구성하는 9가지 관점들에 대해 명확한 대안을 가지고 있어야 한다. 때에 따라서는 9가지 관점들의 서로 다른 조합에 따른 다양한 비즈니스 모델 후보들을 시장 내에서 테스트하며, 진화되는 단계적 적용 전략을 채택하기도 한다.

4. 비즈니스 모델 전략

제품-서비스 시스템 디자인 개발과제에서 저자와 서울대 홍유석 교수는 비즈니스 모델 캔버스의 틀을 활용하여, 각 관점별로 제시할 수 있는 비즈니스 모델 전략을 정의하였다. 전략은 비즈니스 모델이 추구하는 전략적 목적을 달성하기 위한 패턴으로 다양한 실제 비즈니스 사례들을 종합하여 여기서 볼 수 있는 패턴들을 정리하여 구성하였다(Lee et. al., 11).

비즈니스 모델의 어떠한 특성을 포착하고 있는지에 따라 가치제공을 제외한 8가지 관점 고객층 정의, 고객 관계, 채널, 수익 모델, 비용 구조, 자원, 핵심 행위/프로세스, 파트너 네트워크별로 비즈니스 모델 전략을 정리하였다. 각각의 관점에 해당하는 비즈니스 전략은 다음과 같다. 각 전략에 대한 설명은 부록에서 찾을 수 있다.

- **Customer Segments**: 2-Sided Targeting, Environmental Targeting, Geographical Expansion, Long Tail Targeting, Low-Price Targeting, Niche Targeting, Premium Targeting, Segment Expansion, Public Interest Targeting

- **Customer Relationships**: Blockbuster Marketing, Community, Customer Participation, Customization, Education, Life Cycle Care, Membership, Network Effect, Reward, Social Network, Upgrade

- **Channels**: Bundling/Channel Sharing, Delivery, Disintermediation, Experience Shop, Franchise, Intermediation, Internet, Road Shop, Sales Person, Shop in Shop, Traditional, Homeshopping/Catalog

- **Revenue Streams**: Ad-based, Commission, Donation, Freemium, Loyalty, Pay As You Want, Pay Per Unit, Pay Per Use, Razor Blade, Subscription, Subsidiary

- **Cost Structure**: Cost Effectiveness, Cost Efficiency, No-frill, Structural Innovation

- **Key Resources**: Adding New Resources, Alliance, Brand leverage, Crowdsourcing, Merge & Acquisition, Open Innovation, Outsourcing,

Adding New Resources, Platform Utilization, Recycle

- ○ **Key Activities**: Added Service, Economics of Scale, Economics of Scope, Lean Manufacturing, No Frill, Peer to Peer (P2P), Responsiveness, Self Service, Service Productization, Standardization, Vertical Integration

- ○ **Key Partners:** Cross Promotion, Cross Servicing, Design Collaboration, Joint Distribution, R&D Contract, Shared Investment, Subcontractor Network/Solution Network, Internal Network

비즈니스 모델 전략을 이용한 기존 사례 분석

비즈니스 모델 전략을 이용하여 미국의 주요 DVD 렌탈 사업자 중 후발주자인 Netflix가 선행주자인 Blockbuster와 비교하여 어떤 비즈니스 모델 전략으로 차별화를 진행했는지를 설명해보자(그림 3-11). Blockbuster의 Channel 관점의 전략은 일반적인 Franchise 매장이고, Revenue Stream은 Pay per Unit 전략이다. Netflix는 고객 구매 패턴을 통한 맞춤 추천을 하는 Customization 전략이 Customer Relationship 관점에 이용되고, 온라인을 통한 주문인 Internet 전략과 우편망을 활용한 배송을 하는 Sharing전략을 Channel 관점에서 적용하였다. 최대 4개까지 보유가 가능한 정액제 서비스를 이용한 Subscription 전략을 Revenue 관점에 적용하여 비즈니스 혁신을 이루었다(그림 3-12).

BLOCKBUSTER **NEFLIX**

VS

직영점을 통한 오프라인 대여 인터넷 주문
우편망 활용한 대여 및 회수

그림 3-11 두 가지 DVD 렌털 서비스

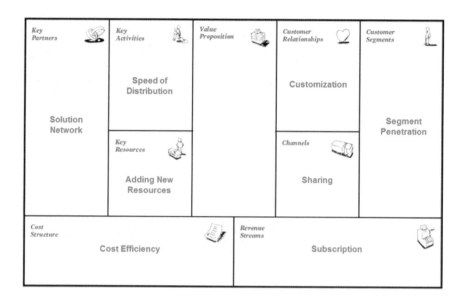

그림 3-12 Netflix의 비즈니스 모델 전략

비즈니스 모델 전략 사용 예

비즈니스 모델 전략이 제품-서비스 시스템 디자인에 연계되어 활용되는 사례를 설명한다. 국내의 커피숍 프랜차이즈 중 하나는 멤버십 고객을 대상으로 무료로 우산을 대여해주는 서비스를 제공하고 있다(그림 3-13). 고객은 커피숍의 로고가 그려있는 우산을 사용하며 다니며, 광고를 하는 셈이 된다. 자, 이 커피숍에 우산을 제공하는 우산 제조기업의 입장을 생각해 보자.

자, 이 커피숍에 우산을 제공하는 우산 제조기업의 입장을 생각해 보자. 대여 우산의 물량이 많아야 제품에 의한 수익을 올릴 수 있다. 따라서, 유사한 서비스를 개발해 수익을 늘리는 데 관심이 있다. 우산 제조기업 입장에서 카페에서 우산을 제공하는 서비스는 고객과의 채널을 커피숍 채널을 공유하여 사용하는 전략, 즉 Sharing 전략에 해당한다. 따라서 (그림 3-14)에서 보듯 커피숍 이외에 채널 Sharing을 할 다른 채널들을 생각해 볼 수 있다. 편의점 채널을 Share하는 방법, 지하철 채널을 Share하는 방법, 푸드트럭 채널을 Share하는 방법 등등을 고려할 수 있다.

그림 3-13 카페에서의 우산 대여 서비스 져니 맵

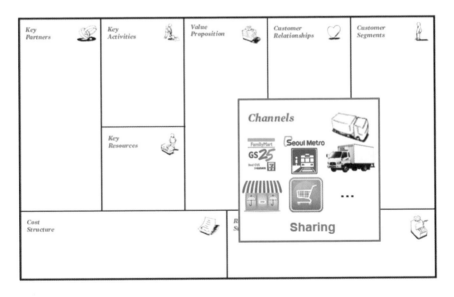

그림 3-14 Channel 관점의 Sharing 전략

편의점 채널을 Share하는 안을 생각해보자(그림 3-15). 대상고객은 편의점에 가는 고객들이다. 꽤 많은 사람들이 편의점을 이용하니 큰 고객층이다. 수익 전략은 커피숍 채널의 경우와 같이 광고를 통한 수익원으로 잡는 Ad-based 전략으로 하고, 무료 대여를 하기로 한다. 반납하도록 하기 위해, 편의점 멤버십을 이용하는 Membership을 고객관리 전략으로 잡는다. 간단한 우산을 무료로 대여하는 셋으로, 비용관점은 효율성제고의 Effectiveness 전략을 잡는다. 결국 광고에 의한 수익을 늘리기 위해서는 광고주라는 파트너를 많이 확보해야 하는 것이다.

이와 같이 비즈니스 모델을 잡고, 이에 따른 져니 맵을 작성해본다(그림 3-16). 출근할 때, 집에서 나올때는 비가 안 왔는데, 회사 근처에 왔을 때는 비가 오는 것이다. 그러면 가까운 편의점으로 급히 가서, 우산을 대여해서 이 우산을 쓰고 다니다가, 비가 그치면, 편의점에 우산을 반납한다. 그런데 출근시간에 편의점에서 우산을 빌리려고 급히 들어가는 사람들, 우산을 빌려 갖고 나오는 사람들이 그다지 넓지 않은 편의점 출입구 부분에서 복잡하게 마주치게 될 것이다. 좋은 경험이기 힘들 것이다.

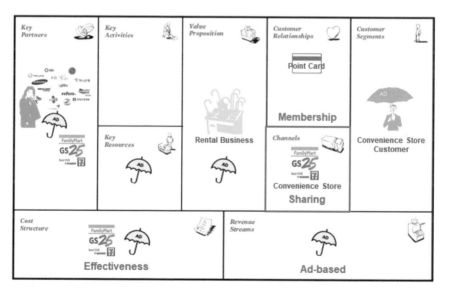

그림 3-15 우산 제품-서비스 시스템 편의점 Channel Sharing 전략 비즈니스 모델

그림 3-16 우산 제품-서비스 시스템 편의점 Channel Sharing 전략 져니 맵

그러면 이번에는 지하철 채널을 Share하는 안을 고려해보자(그림 3-17). 지하철을 이용하는 고객층은 더욱 크다. 고객층 확장의 Segment Extersion 전략이 되는 것이다. 지하철 이용자들은 교통가드를 다 소지하고 있다. 자동으로 개찰구에 교통카드를 찍는다. 유사한 인터페이스가 교통카드를 이용하는 고객관리 전략에 필요하다. 수익모델 전략, 비용 전략, 파트너 전략 등은 편의점 Share의 경우와 같은 전략을 쓰면 된다. 편의점에는 직원이 항상 있지만, 지하철 Share의 경우, 대여할 우산을 준비하고, 반납한 우산을 관리할 인력이 자원에 추가되고, 이들의 비용이 고려되어야 한다.

져니 맵을 작성해보면(그림 3-18), 집을 나올 때는 비가 안 왔는데, 지하철을 타고, 회사 앞에 도착하니 비가 오는 것이다. 개찰구를 나올 때는 우산 없이 나왔는데, 지하철 역 출구를 나올 때는 빌린 우산을 들고 나온다. 빌린 우산을 쓰고 다니다가, 지하철 역 입구를 들어갈 때는 우산을 들고 들어가는데, 지하철을 타기 위해 개찰구를 들어갈 때는 우산 없이 들어간다. 백스테이지 서비스 제공자는 반납된 우산을 관리하고, 대여 준비를 한다. 우산을 집에서 가져온 사람들은 지하철 속에서 비에 젖은

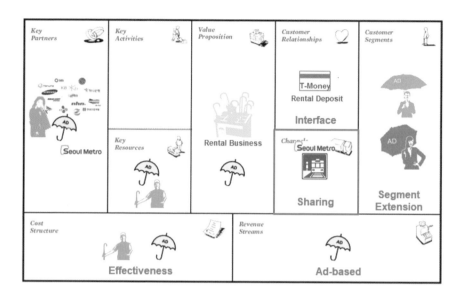

그림 3-17 우산 제품-서비스 시스템 지하철 Channel Sharing 전략 비즈니스 모델

그림 3-18 우산 제품-서비스 시스템 지하철 Channel Sharing 전략 져니 맵

우산을 소지하고 관리해야 하는데, 오히려 우산을 빌리는 사람은 지하철 속에서는 우산에 대한 걱정을 안 해도 된다. 그래도 지하철 역은 편의점보다 넓다. 그럴 듯한 우산 대여 및 사용 경험이 제공된다. 이 지하철 Share 채널을 이용한 우산 대여 서비스를 통해 우산제조업체는 공급 물량을 늘릴 수 있을 것이다. 이 서비스 안의 핵심 서비스 요소와 이를 가능하게 하는 제품 요소의 디자인은 2장의 서비스 요소 및 제품 요소 부분에서 설명하였다.

서비스 기본단위 연계 비즈니스 모델 전략 생성

다양한 관련자들의 추구 가치를 제공하기 위하여 제품-서비스 시스템이 디자인된다. 그리고 이 시스템의 비즈니스 모델 전략을 디자인하게 된다. 경우에 따라서는 비즈니스 모델이 먼저 결정되고, 이를 구현할 제품-서비스 시스템을 디자인하기도 한다. 제품-서비스 시스템의 디자인은 사실 여러 단계의 Iteration을 통해 수행된다. 특정한 서비스 행위들이 새로이 디자인되고, 또 이들 중 일부는 계속해서 수정된다. 따라서 제품-서비스 시스템 디자인이 변해가며, 이에 상응하는 비즈니스 모델 디자인도 변해간다.

제품-서비스 시스템의 서비스 요소들은 서비스 수혜자, 제공자 및 기타 관련자의 행위들이다. 이런 행위들은 각 관련자의 가치 제공을 위해 디자인된다. 이러한 행위와 가치를 구체적으로 연결하는 체계가 2장에서 설명한 계층적 가치 체계(HVM)이다. Iterative한 행위디자인으로 제품-서비스 시스템이 디자인되어 가는 각 단계에서, 해당 제품-서비스 시스템에 적합한 비즈니스 모델을 디자인할 수 있다. 제품-서비스 시스템, E3 Value, 비즈니스 모델이 이와 같이 연계된 것이다(그림 3-19).

구체적으로 어떻게 이들의 연계를 만들어가는지를 설명한다. 서비스 디자인은 행위 디자인이다. 앞에서 정의한 바와 같이, 연계된 관련자들의 행위들을 모아서 서비스 요소(Service Element)가 정해진다. 이들 서비스 요소들을 모아 서비스 유닛, 또는 서비스 기본단위(Service Unit)가 만들어진다. 서비스 블루프린트의 행위들이 서비스 요

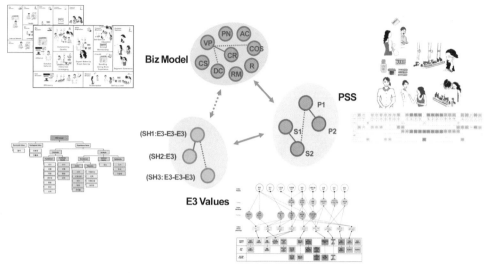

그림 3-19 E3 가치, PSS, 비즈니스 모델 연계성

소로 묶여지고, 이 서비스 요소들이 서비스 유닛으로 묶여진다. 제품-서비스 시스템을 디자인하는 과정에서, 때로는 행위 수준에서의 디자인이 진행되고, 때로는 서비스 요소 수준에서의 디자인이 진행되고, 또 서비스 유닛 수준에서의 디자인이 진행되는 것이다. 제품 요소(Product Element) 디자인의 경우 서비스 요소단위와 연계되어 진행됨을 2장에서 설명하였다. 비즈니스 모델 전략의 디자인은 서비스 유닛 단위와 연계되어 진행하는 방법을 설명한다.

비즈니스 모델 전략 디자인 사례: 화장방 제품-서비스 시스템

계층적 가치 체계를 설명할 때 이용했던 화장방(Make-Up Room) 제품-서비스 시스템을 이용하여 서비스 유닛과 연계하여 비즈니스 모델 전략이 디자인되는 과정을 설명하기로 한다. 화장품을 제대로 소지하지 않은 상태에서 갑자기 화장할 필요가 생겼을 경우, 화장품 매장에 가서 마치 구매를 위한 테스트를 하는 것처럼 화장을 한다. 경우에 따라서는 화장품 관련 질문을 해야할 경우도 있다. 이럴 때 화장품 매장의 직원이 눈치챌까 염려하며 도둑화장을 하는 셈이다. As-is 져니 맵은 (그림 3-20)

그림 3-20 화장품 매장에서 테스트하는 척하며 화장하는 As-is 져니 맵

과 같다. 그림에서 보듯이, 화장품 매장을 나오는 고객은 화장을 하고 있지만, 마음
은 편하지 않은 상태인 것이다. 더 황당한 경우는 매장 직원 눈치가 보여, 안 사도 되
는 화장품을 사게 되는 때이다. 이 As-is 져니 맵은 입장하기 A, 화장품 선택하기 J,
테스트 화장하기 K, 질문하기 L, 구입하기 F, 퇴장하기 I 등의 6개의 서비스 기본단
위로 구성된다. 이러한 서비스 유닛 수준의 서비스 블루프린트가 (그림 3-21)에서 보
여진다.

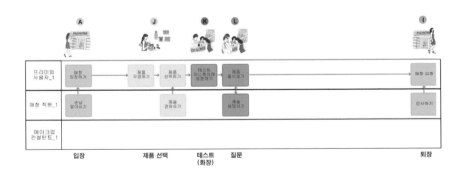

그림 3-21 화장품 매장 As-is에 해당하는 서비스 유닛수준의 서비스 블루프린트

To-be 화장방 서비스 디자인을 수행하기 전, As-is 화장품 매장의 비즈니스 모델을 살펴보자. 비즈니스 모델 캔버스의 각 관점별로 비즈니스 모델 전략과 이를 이해하도록 추가된 그림으로 구성된 비즈니스 모델이 (그림 3-22)에서 보여진다. 밑에 있는 비즈니스 모델 캔버스 그림에서는 각 전략에 대한 간단히 설명을 보여준다. 기본적인 Customer Segment는 화상품 구매 의노 고색이다. Customer Relationship 전

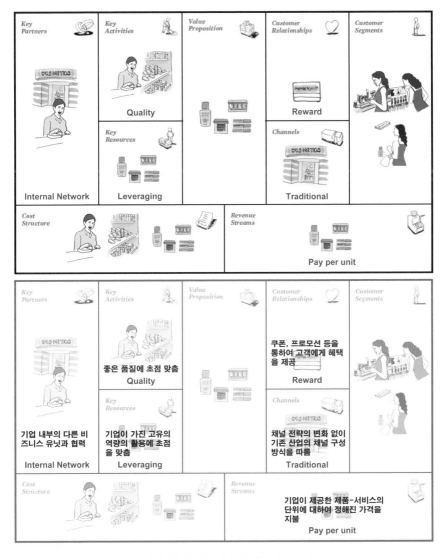

그림 3-22 화장품 매장의 비즈니스 모델

략은 Reward이고, Channel 및 Revenue는 각각 기본적인 Traditional 전략과 Pay per unit 전략이다. Resource 전략도 기본 자원을 활용하는 Leveraging 전략이고, 별도의 외부 Partnership없는 Internal Network 전략, 그리고 Quality 전략이 Key Activity 전략이다.

셀프 메이크업 서비스 유닛

이러한 As-is의 문제점을 해결하기 위한 새로운 제품-서비스 시스템으로 화장품, 화장도구, 거울, 조명 등이 준비되어 고객이 필요할 때 방문하여 화장을 할 수 있게 하는 화장방(Make-Up Room) 서비스가 디자인되었다. 멤버십으로 사용하는 방법을 고려하였다. 이 화장방 서비스는 입장하기 A, 멤버십확인하기 B, 셀프 메이크업 하기 C, 퇴장하기 I 등 4개의 서비스 유닛으로 구성된다. 이 서비스의 져니 맵은 (그림 3-23)에서 보는 바와 같고, 유닛 수준의 서비스 블루프린트는 (그림 3-24)에서 보는 바와 같다.

서비스 유닛, 또는 서비스 기본 단위는 서비스 요소(Service Element)들로 구성된다. 셀프 메이크업하기 서비스 유닛은 화장방 준비하기, 화장방 입장하기, 자리 앉기, 사용방법 안내하기, 화장품 제공하기, 화장도구 제공하기, 거울보기, 내 얼굴상태 확인하기, 메이크업 하기, 셀프 메이크업 마치기 등 10개의 서비스 요소들로 구성되었다 (그림 3-25).

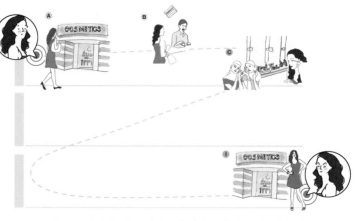

그림 3-23 화장방 셀프 메이크업 서비스 유닛 추가 져니 맵

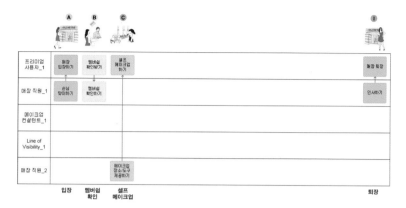

그림 3-24 화장방 셀프 메이크업 서비스 유닛 추가 블루프린트

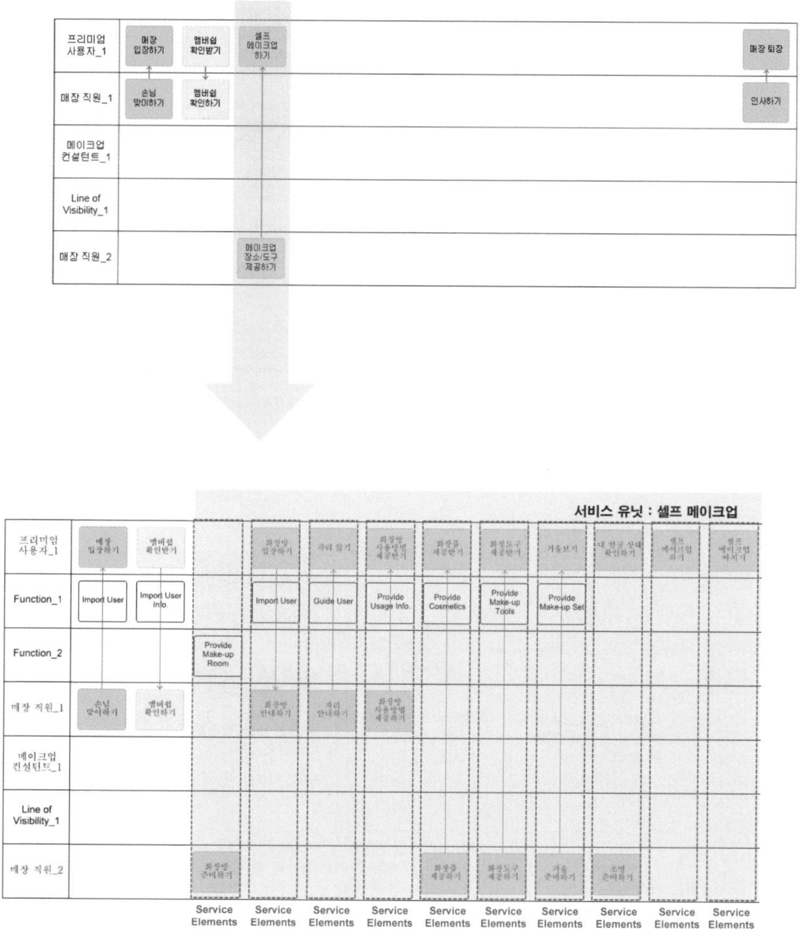

그림 3-25 셀프 메이크업 서비스 유닛의 서비스 요소들

셀프 메이크업하기가 핵심 서비스 유닛인 화장방 서비스의 비즈니스 모델 전략은 (그림 3-26)과 같이 디자인된다. 기존의 화장품 매장 관점에서 보면, 화장방 이용 고객층은 매장 고객층보다 확장된다고 볼 수 있다. 예를 들어 수입화장품을 구매하던 고객들이 화장방의 국내화장품으로 구성된 화장방의 고객이 될 수도 있다. 기존에는 온라인 구매만을 하던 고객들이 화장방에 직접 찾아오는 오프라인 고객으로 확장

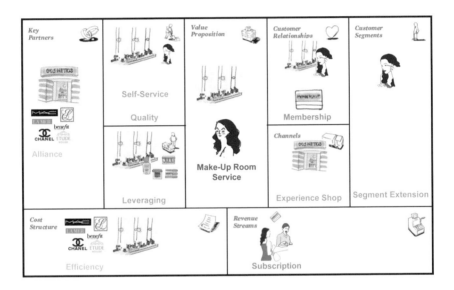

그림 3-26 화장방 셀프 메이크업 서비스 추가 경우 비즈니스 모델

될 수도 있다. 따라서 Customer Segment 관점의 비즈니스 모델 전략은 Customer Extension이 된다. 고객이 직접 셀프 메이크업을 하는 경험을 하게 되므로 Channel 관점은 Experience Shop 전략이다. 화장방 서비스 제공자의 Key Activity는 Self-Service 제공 전략이다. 셀프 메이크업의 대가는 고객의 멤버십 Subscription으로 치러진다. 따라서 Customer Relationship 관점에서의 Membership 전략과 Revenue Stream 관점에서의 Subscription 전략이 해당된다. 이 부분은 입장 후 멤버십 확인하기 서비스 유닛에 매칭된다. 셀프 메이크업하기가 핵심 서비스 유닛인 화장방 서비스의 비즈니스 모델 전략설명은 (그림 3-26)의 밑부분과 같다.

셀프 메이크업하며 사용해본 화장품이 마음에 들어, 이 화장품을 구매하려는 고객이 있을 수 있다. 따라서 구입하기 서비스 유닛이 추가된 경우의 서비스 블루프린트가 (그림 3-27)에서 보여진다. 따라서 Value Proposition에 화장품이 추가된다. 물론 Key Activity에 판매가 추가되고, 판매직원관련 비용도 추가된다. Channel 관점에서는 화장 경험과 제품구매가 Bundling되는 전략이 추가되고, Revenue Stream에는 Pay per Unit 전략이 추가된다. 새로운 서비스 유닛이 추가됨에 따라, 비즈니스 모델 전략이 추가되는 것이다(그림 3-28).

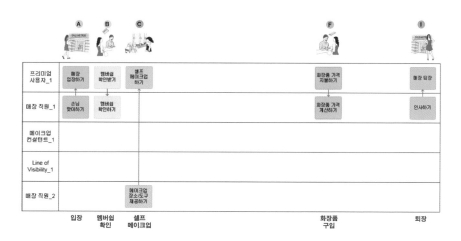

그림 3-27 셀프 메이크업 서비스 및 화장품 구매 유닛 추가 서비스 블루프린트

그림 3-28 셀프 메이크업 서비스 및 화장품 구매 유닛 추가 비즈니스 모델

셀프 메이크업하며 사용해본 화장품이 마음에 들어, 이 화장품을 구매하려는 고객이 있을 수 있다. 따라서 구입하기 서비스 유닛이 추가된 경우의 서비스 블루프린트가 (그림 3-27)에서 보여진다. 따라서 Value Proposition에 화장품이 추가된다. 물론 Key Activity에 판매가 추가되고, 판매직원관련 비용도 추가된다. Channel 관점에

서는 화장 경험과 제품구매가 Bundling되는 전략이 추가되고, Revenue Stream에는 Pay per Unit 전략이 추가된다. 새로운 서비스 유닛이 추가됨에 따라, 비즈니스 모델 전략이 추가되는 것이다(그림 3-28).

셀프 메이크업하기와 구입하기가 Bundling된 화장방 서비스에 추가되는 서비스 컨셉으로, 최근 유행하는 화장 트렌드 등을 알려주고, 화장 관련 상담을 하는 새로운 메이크업 상담 서비스 유닛 D가 추가된다(그림 3-29). 새로운 서비스 유닛의 추가는 새로운 관련자가 추가되는 경우가 많다. 이 경우 메이크업 컨설턴트가 새로이 등장

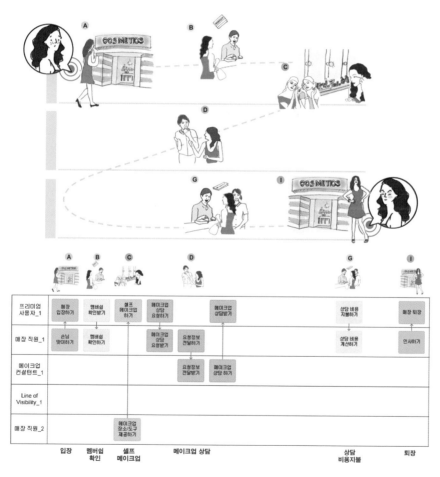

그림 3-29 메이크업 상담 서비스 유닛 추가 져니 맵 및 서비스 블루프린트

한다. 상담 서비스 유닛이 추가된 서비스 블루프린트는 (그림 3-29)에서 보는 바와
같다.

상담 서비스는 고객이 필요한 지식과 노하우를 전달하는 Education 전략이
Customer Relationship 관점에 추가된다. 상담을 제공하는 새로운 관련자인 메이
크업 컨설턴트는 독립된 파트너로서 등장하게 된다면 Solution Network 전략이
Partnership 관점에 추가되고, Resource 관점에는 Outsourcing 전략과 Add new
resources 전략이 추가된다. 물론 상담할 때 해당 비용이 지불되므로, 상담 Pay per
unit 전략이 Revenue Stream에 추가된다(그림 3-30). 비즈니스 모델 및 전략 설명이
(그림 3-31)에 보여진다.

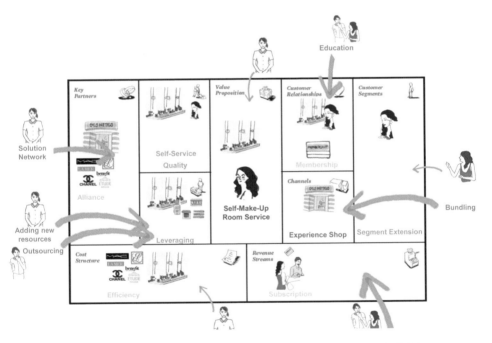

그림 3-30 메이크업 상담 서비스 유닛 추가 비즈니스 모델 업데이트

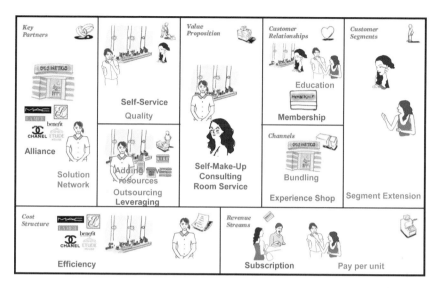

그림 3-31 메이크업 상담 서비스 유닛 추가 비즈니스 모델

메이크업 상담 서비스를 받던 고객이 아예 전문가가 메이크업을 해주기를 원하는 경우가 있을 수 있다. 또한 스스로 셀프 메이크업을 하지는 않지만, 전문가의 메이크업 서비스를 원하는 다른 고객들도 있다. 이를 고려하여, 전문가 메이크업 서비스 유닛 E가 추가된다. 전문가 메이크업 서비스 유닛 E와 이의 지불 서비스 유닛 H가 추가된

져니 맵과 서비스 블루프린트는 (그림 3-32)에서 보는 바와 같다.

전문가 메이크업 서비스 유닛이 추가되며, Customer Relationship 관점에서 고객 개인에 딱 맞는 전문가 메이크업이 제공되므로 Customization 전략이 추가된다. Customer Segment 관점에서는, 셀프 메이크업은 관심없지만, 전문가 메이크업을 찾는 고객이 추가되므로 또 다른 Segment Extension 전략 효과가 생긴다. 메이크업 전문가가 관련자로 추가되어, 상담 전문가, 메이크업 전문가 등의 Solution Network로 변경되고, Revenue Stream 관점에서도 전문가 메이크업 Pay per unit이 추가된다.

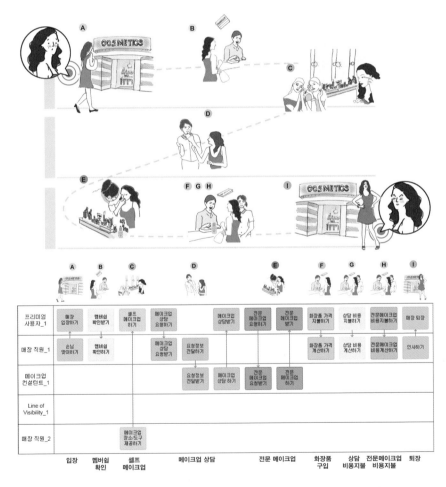

그림 3-32 전문 메이크업 서비스 유닛 추가 져니 맵 및 서비스 블루프린트

As-is 화장품 매장의 비즈니스 모델(그림 3-33)으로부터 새로운 서비스 유닛이 하나씩 추가되며 비즈니스 모델이 변화하여, (그림 3-34)와 같은 최종 비즈니스 모델과 서비스 유닛의 화장방 서비스가 디자인되었다. 핵심 비즈니스 모델 전략을 정리하면 다음과 같다.

- **Segment Extension**: 종례의 화장품을 구매하기 위해 방문하는 고객에 한정되어 있던 화장품 숍의 서비스에 비해 새로운 화장방을 이용하는 고객층은 구매하는 소비자를 비롯하여 상담서비스, 전문메이크업 서비스 등을 이용하는 소비자로 확대함.

- **Customization**: 전문 메이크업 서비스를 제공함으로써 소비자가 자신에 맞는 서비스를 받도록 함.

- **Education**: 소비자가 전문가의 컨설팅을 통해 메이크업 지식이나 노하우를 전달받을 수 있도록 상담 서비스를 제공함.

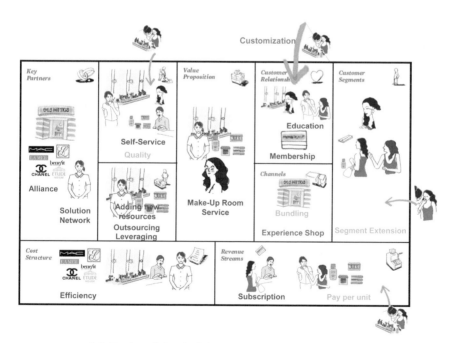

그림 3-33 전문 메이크업 서비스 유닛 추가 비즈니스 모델 업데이트

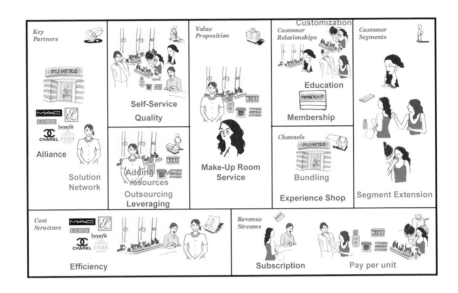

그림 3-34 전문 메이크업 서비스 유닛 추가 최종 비즈니스 모델

- **Membership**: 멤버십을 통해 화장방을 자유롭게 이용할 수 있는 권리를 부여함으로써 소비자들이 화장품을 들고 다니지 않으면서도 언제나 화장을 할 수 있도록 함.

- **Bundling**: 화장방이라는 채널을 통해 셀프 메이크업을 제공하고, 추가적으로 상담서비스, 전문 메이크업 서비스, 화장품 판매 서비스를 실시함으로써 추가 수익을 도모함.

- **Experience Shop**: 화장품 구매 이상의 다양한 새로운 경험 제공.

- **Subscription**: Membership을 통한 정액제 매출 전략.

- **Pay per Unit**: 상담, 전문메이크업은 Pay per Unit 매출 전략.

- **Adding New Resources**: 상담, 전문메이크업을 담당하는 인력자원 이용.

- **Leveraging**: 화장을 할 수 있는 도구, 화장품, 거울, 조명 등이 갖추어진 화장

방과 상담사의 활용에 초점을 맞춤.

- **Outsourcing**: 상담, 전문메이크업 서비스를 수행하는 외부인력자원 이용.

- **Self-Service**: 화장방 서비스의 핵심은 고객 스스로 화장하게 하는 전략이 서비스 제공자 또는 화장방의 Key Activity 전략.

- **Quality**: 다양하고 좋은 화장품을 제공함으로써 소비자의 선택의 폭과 만족도를 높이고, 상담사라는 전문 인력을 통해 새로운 서비스 제공함.

- **Solution Network**: 특정 일을 다른 기업에게 맡긴 Virtual Company 형태로서 상담서비스, 전문메이크업 서비스를 외부인력의 역량에 맡김.

본 저서의 마지막 장인 비즈니스 이노베이션 서비스 디자인 사례에서 비즈니스 모델 디자인 사례가 또 소개된다. 또한, 서비스 유닛에 연계하여 비즈니스 모델 디자인안을 비교 평가하는 방법이 시스템 다이나믹스 시뮬레이션 방법과 연계되어 개발되었다. 이 방법은 본 저서에서는 다루지 않으나, 관심있는 독자는 2014년 성균관대 석사학위 논문(원종훈, 14; Won et al., 14)의 내용을 통해 소개 받을 수 있다.

5. 제품-서비스 융합 비즈니스 모델 기회

어떤 제품-서비스 시스템은 제품이 제공하는 가치가 서비스가 제공하는 가치보다 더 중요하고, 어떤 제품-서비스 시스템은 서비스가 핵심가치를 제공하기도 한다. 사실 제품만 있는 경우는 드물지만, 이 경우도 제품이 100%이고, 서비스가 0%인 제품-서비스 시스템으로 볼 수 있다. Tukker의 제품-서비스 시스템 분류에서 본 것과 같이, (그림 3-35)에서, 제품이 100%인 제품-서비스 시스템은 가장 왼쪽에, 서비스가 100%인 제품-서비스 시스템은 가장 오른쪽에 위치된다.

제품-서비스 시스템들을 비교할 때, 제품과 서비스의 주요도 비율을 비교할 수 있다. 또 제품-서비스 시스템을 디자인할 때, 여러 가지 디자인 안을 제품과 서비스의 비중이 어떤가의 관점에서 비교할 수도 있다. 또한, 기업의 비즈니스 모델 디자인 안을 비교할 때, 제품-서비스의 구성 비율에 따라 비교할 수 있다. 또한 기업의 비즈니스 모델이 발전해 온 과정을 분석할 때, 제품-서비스 구성비율이 어떻게 변화되어 왔는지도 이용할 수 있다.

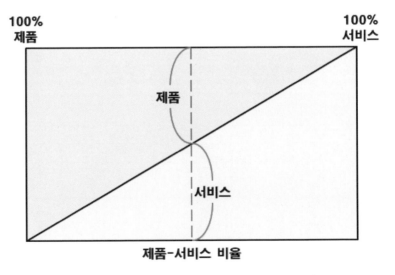

그림 3-35 제품-서비스 융합 비즈니스 모델 기회 공간

비즈니스 모델 발전 과정 사례

제품-서비스 융합 비즈니스 모델이 기업 발전과정에 핵심적인 기여를 할 수 있다. 코OO 기업의 사례를 생각해보자. 이기업의 비즈니스 모델 전개 방향을 제품-서비스 비율의 발전 모습을 살펴보사(_그림 3-36). 사업 초기에 비교적 단순한 생활 가전 제품의 판매가 핵심이다(A). 수익원은 제품판매대금이다. 여기에 제품의 기능을 지속적으로 제공하는 데 필요한 유지보수 및 부품교체 방문서비스가 추가된다. 이를 담당하는 서비스제공자를 주요 관련자로 새로이 투입하게 된다. 당연히 이들을 교육, 관리 운영하는 비용이 추가되지만, 이 서비스로 부품교체비 등의 부가수익이 발생한다. 이 서비스제공자는 고객관리 전략의 핵심 역할을 담당하게 된다(B).

다음 단계에서 적용할 수 있는 서비스로는 렌탈 서비스가 있다. 렌탈 서비스는 일정 기간의 약정 기간 동안 월 사용료 형태의 비용을 지속적으로 지불하면, 약정 기간 이후에 소유권을 이전해주는 방식으로서 기존의 할부 판매와 본질은 크게 다르지 않다. 하지만, Tukker의 분류로 보았을 때 제품-중심 제품-서비스 시스템에서, 사용-

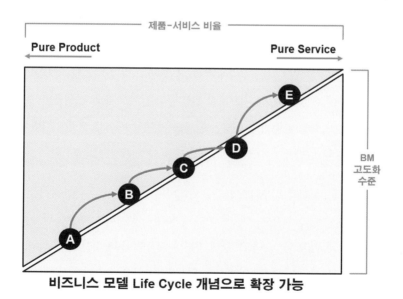

그림 3-36 서비스 고도화를 통한 비즈니스 모델 진화

중심 제품-서비스 시스템으로의 변화이다. 이를 통해 매월 사용료 징수라는 고객과의 정기적 관계가 형성되고, 초기 구매 부담을 대폭 낮춤으로써 얻은 영업적 효과 등 적극적인 판촉활동을 전개할 수 있다. 이는 고객층의 확장으로 연계된다(C).

렌탈 고객의 증가로 인하여 신규 고객의 유입뿐만 아니라, 기존 고객에 대한 유지활동의 중요성이 커진다. 고객층의 증가는 이제 외부의 파트너와 제휴하여 신규 고객을 유입하고 기존 고객을 유지하기 위한 전략을 시도해 볼 수 있게 한다. 신용카드 회사들은 신규 고객 유치를 위해 많은 마케팅 비용을 사용하는데, 제휴 마케팅을 통해 기존에 고객 기반을 확보하고 있는 회사들과의 협력을 통해 신규 카드 고객을 확보하고자 한다. 이러한 사업 기회를 활용하여 신용카드사들과 전용 카드 상품을 개발하고, 마일리지를 통해 렌탈료를 지불할 수 있는 서비스 모델을 도입할 수 있다. 이런식으로 제휴 수수료 수익을 추가 할 수 있다(D). 이런 서비스 제공 기반을 바탕으로 이제는 타사 제품의 판매, 유지보수, 부품교체, 렌탈 서비스 등으로 신사업 영역을 확장할 수 있다. 고객관리 전략과 파트너십 전략이 핵심 비즈니스 전략이 된다(E). 이렇게 되면 코OO사의 핵심 경쟁력이 서비스에 기반한 서비스 지배 논리의 비즈니스가 되는 것이다.

제품-서비스 융합 관점에서 비즈니스 모델의 혁신이라는 관점에서 비즈니스 모델 변화 단계를 종합해보면 (그림 3-36)과 같다. 제품 제조 및 판매 중심의 비즈니스 모델에서 출발하여, 부품교체, 유지보수 및 렌탈 등과 같은 서비스 컨셉들을 추가하면서 점차 서비스 요소의 비중이 높아지는 단계를 거쳐, 서비스 경쟁력에 기반하여 타사의 제품을 다루는 단계로 비즈니스 모델의 고도화가 진행되는 것이다.

이러한 사례는 혁신적 비즈니스 모델을 구상하고 있는 기업들에게 다음과 같은 시사점들을 제시해 줄 수 있을 것으로 기대된다. 제품과 서비스가 융합되어 간다는 메가트렌드 아래, 새로운 비즈니스 모델 기회나 대안들이 다양한 제품-서비스 비율로 구성되는 제품-서비스 시스템의 형태로 탐색될 수 있다는 것이다. 또한, 비즈니스 모델을 구성하는 관점별로 핵심 가치를 높이기 위해 다양한 제품 혹은 서비스 요소들이 기여할 수 있다는 점이다. 마지막으로, 비즈니스 모델 역시 제품 수명주기나 서비스 수명주기와 마찬가지로 시간에 따라 변화하며, 비즈니스 모델 진화 관점으로 관리되어야 한다.

04

Business Innovation Service Design

경험 평가 및 분석

관련자의 경험가치의 핵심 요소를 규명하고,
관련자의 서비스 행위 수행 중의 경험가치의 평가 및 이들을 분석하기 위한
경험가치 평가 및 분석 방법을 소개한다.
또한 행위 수행의 구체 상황을 반영하며 실시간으로 경험을 샘플링하는
고객 경험 평가 방법 및 적용사례를 소개한다.

1. 고객 경험

고객 경험

고객 경험(Customer Experience)이란 고객 라이프 사이클 동안 해당 기업과의 모든 상호작용들의 결과로 얻어지는 기업과의 관계에 대한 고객의 의식적 또는 잠재적 느낌이라 할 수 있다. 고객의 기대를 충족시키고, 고객 만족과 충성심 및 칭찬을 증진시키기 위해서 기업이 고객 경험과 상호작용을 디자인하고, 대응하는 것이 고객 경험 관리(Customer Experience Management, CEM)라고 할 수 있다.

고객 경험 관리란 온라인 고객을 응대하는 것 이상이다. 고객이 어디서 구매를 했고, 어떤 브랜드의 제품을 샀는지 등을 아는 것 이상이다. 고객의 충성도를 유지하는 것뿐 아니라, 다른 사람들에게 칭찬을 하도록 하기 위해 아주 개인화된 경험을 만들어내고, 제공할 수 있을 정도로 고객을 철저히 이해하는 것이다. 고객을 깊이 이해하는 것은 쉽게 이루어지는 것이 아니다. 기업 조직 전반에 걸쳐 고객과의 모든 접점들로부터 인사이트를 찾아내야만 한다. 초연결 환경에서 극도로 치열한 경쟁이 벌어지는 지금의 마켓 상황에서는 고객 경험만이 핵심적인 차별화 포인트가 되는 것이다 (SAS, 08).

고객은 TV, 인터넷, 매장, 서비스 제공자, 심지어는 지인들 등 수많은 접점을 통해 기업의 제품이나 서비스를 경험하게 된다. 이처럼 다양한 접점에서 느끼는 경험은 해당 기업이나 브랜드에 대한 로열티를 만들기도 하고 상실하게 만들기도 한다. 따라서 고객경험관리에서 가장 중요한 것은 고객 접점에서 기업과 고객이 깊은 유대관계를 맺도록 하는 것이다(손영재, 2011). Harris는 총체적인 고객경험이란 소비자와 기업 간에 존재하는 모든 접점과 소비자가 갖는 모든 경험이라고 언급했다(Harris *et al.*, 2003). Vargo와 Lusch에 의하면 경험이란 순전히 개인고객의 관점에서 인식된 것이며 그 본질은 개인적이고 오직 고객의 마음 속에만 존재하는 것이다(Vargo & Lusch, 2004).

본 저서의 앞부분에서 여러 차례 강조한 바와 같이, 서비스 지배논리에 따르면, 제품 중심의 시장 패러다임은 서비스 중심의 패러다임으로 변화하고 있다(Vargo & Lusch, 04). 기업들은 더 이상 제품으로 경쟁하는 것이 아니라 고객에게 다양한 가치제공을 하는 서비스로 경쟁하게 된 것이다. 고객의 경험이 기업의 성패를 가르는 요인이 되었다(김용세 외, 14b). 기업의 고객관리 트렌드가 객관적인 고객의 정보를 바탕으로 고객과의 관계를 관리하는 고객관계관리(Customer Relationship Management, CRM)에서 고객의 주관적인 경험을 관리하는 고객경험관리로 변화했다. 고객관계관리란 기업의 입장에서 고객을 바라보는 것이고, 고객경험관리는 고객의 눈으로 기업을 바라보는 것이다. 고객관계관리는 고객에 대한 객관적인 정보, 즉 고객의 성별, 나이, 거주지역, 방문횟수 등을 다룬다. 하지만 고객경험관리는 고객의 주관적인 경험을 바탕으로 기업을 운영하는 방식이다. 고객 경험이란, 제품과 서비스 그리고 서비스접점(Service encounter)에 이르기까지 고객과 기업 간에 존재하는 모든 상호작용에 대한 개인 고객의 내적 반응이다.

예컨대 종합가구매장에서의 고객경험은 '앉아보니 푹신하고 좋네!', '이 물건을 사고 싶은데 물어볼 사람이 없네!' 혹은 '부엌코너 보고 나서 거실코너로 와야지'와 같이 고객 자신만이 생각하고 느끼는 경험이다. 고객경험관리란 이러한 경험을 개별고객 단위로 평가하고 그 결과를 토대로 고객을 관리하는 것이다. 나아가 고객의 경험은 제품·서비스의 Life cycle steps의 During 및 Pre, Post 단계에서도 평가되어야 한다. 고객의 서비스 경험은, 서비스 제공자들과의 상호작용에 영향을 받는다. 고객뿐 아니라 서비스 제공자 등 모든 관련자들의 경험이 모두 중요하다.

경험의 본질

경험 관리를 위해서는 경험 평가가 필수적으로 필요하다. 경험은 제품 및 서비스의 사용 중, 사용 전, 사용 후 각 행위에서 발생한다. 앞에서 경험 가치 관련하여 다루었듯이 경험은 기능적, 사회적, 정서적, 학습적 가치 등 다양한 가치와 연계된 내용으로 발생한다. 이러한 경험은 행위 관련자 각각 자신이 특정한 행위를 하며 만들어내는 것이다. 관련자들은 각각 다른 다양한 특성을 갖고 있다. Everybody is different 라는 핵심 개념을 본 저서의 서두에서 논의하였음을 기억해야 한다. 이렇게 다 다른 사람들이 여러 가지 행위를 하며, 경험을 만들어낸다. 경험의 주인공은 관련자 각각이다. 같은 공간에서, 같은 행위를 하더라도, 각각 다른 사람들은 각각 다른 경험을 한다.

경험의 주체는 행위의 주인인 사람이라는 점을 (그림 4-1)을 통해서 설명해보자. LED조명 디자인과 정서적 경험을 설명하기 위한 저자의 관점이다. 정서적 경험은

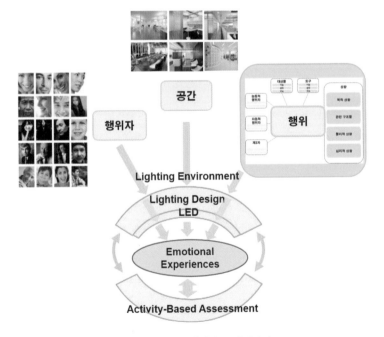

그림 4-1 정서적 경험과 조명디자인

LED조명이 제공하는 것이 아니라, 행위자가 특정행위를 특정공간에서 수행하며 만들어 내는 경험이다. 조명은 이와 같은 경험이 만들어지는데 물리적 상황의 일부를 제공할 뿐이다. 소위 감성조명이란 용어로 불리는 조명의 일부 시각은 이러한 조명이 감성을 만들어 준다고 말한다. 저자는 절대로 그렇게 생각하지 않는다. 조명은 그저 조언일 뿐이다. 똑같은 색온도, 소도, RGB의 소명이라 해도, 행위자가 누구냐, 어떤 행위를 하느냐 등에 따라 다른 정서적 경험가치가 발현된다. LED조명은 색온도, 조도, RGB 등 물리적 특성을 다양하게 만들어낼 뿐이다. 경험은 이 조명환경에서 행위자 각자가 수행하는 행위와 이 행위를 구체화하는 행위 요소들의 영향으로 각자가 만들어내는 것이다.

일반적으로 Human Product Interaction을 통해 정서적 경험이 발현되는 현상들은 Desmet과 Hekkert의 시각으로 설명될 수 있다(Desmet & Hekkert, 07). 제품의 사용으로 얻어지는 정서적 경험(emotional experiences)은 지각에 의해 이루어지는 심미적 경험(aesthetic experiences)과 각자의 의도와 의미에 의한 의미적 경험(experience of meaning)에 의해 만들어진다. 즉, 제품(product)이 주는 영향과 사용자의 관점(concern)이 연계되어 정서가 발현(appraisal)된다는 것이다(그림 4-2). 그리고 심리학자 Scherer는 이러한 정서가 발현되는 과정을 몇 단계의 구체적 단계가 체계적으로 진행되어 완성되는 과정이라는 Component Process Model로 설명했다(Scherer, 01). 본 저서의 1장에서 설명한 능동적 정서가치와 반응적 정서가치는 이러한 과정이 진행되어 발현되는데, 반응적 정서는 이 과정이 빨리 진행되어 빨리 발현되며, 따라서 빨리 없어진다는 것이다. 능동적 정서가치는 이러한 과정이 보다 서서히 행위자 자신의 능동적 주도로 진행된다는 것이다.

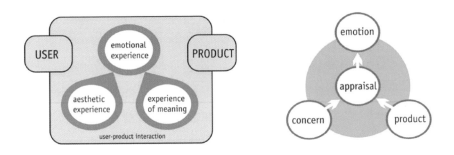

그림 4-2 User Product Interaction과 Emotional Experience(Desmet & Hekkert, 07)

경험은 행위를 수행하며 얻어지는 것이다. 그래서 행위가 수행될 때 생생하다. 물론 이러한 경험은 기억으로 남는다. 어떤 경험은 오랫동안 기억되고, 어떤 경험은 오랫동안 기억되지는 않는다. 어떤 행위자는 경험을 오래 기억하고, 어떤 행위자는 오래 기억하지 못한다. 그러면 과연 어떻게 고객의 경험을 관리할 것인가? 고객 경험의 관리를 위해서는 고객의 경험을 이해해야 하는 것이다. 이를 위해 고객의 경험을 평가, 분석하는 것이 필요하다.

고객 경험 평가 체계

수많은 고객경험 중 어떠한 경험을 가장 주안점으로 고객 경험을 제공하고, 관리할 것인지를 파악하는 것이 중요하다. 성균관대 서비스융합디자인 협동과정의 방법론을 이용하여 고객 경험을 이해하고 파악할 수 있는 프로세스를 다음과 같이 수행할 수 있다(그림 4-3).

1. 고객행위수집: 제조기업의 제품이나 서비스를 이용하는 고객의 행위를 관찰하고, Context Mapping 등의 방법으로 수집 분석한다.

2. 고객잠재니즈추출: 고객 및 기타 관련자들의 요구사항(Voice of Customer)을 다양하게 조사하여 잠재적인 고객들의 니즈를 추출한다.

그림 4-3 Service Design Institute 고객 경험 평가 체계

3. E3 Value 평가기준: 이들 구체 요구사항을 E3 Value 분류체계로 정리하고 경험가치주제(Experience Value Theme)를 찾아낸다.

4. 행위 세분화: 관련 경험가치주제를 중심으로 고객 경험을 세분화하기 위해 고객의 모든 행위를 시계열적으로 배치하는 서비스 블루 프린트를 통해 고객 행위를 세분화한다.

5. 터치포인트디자인: 서비스 블루프린트로 표현된 고객 행위 전반에서 핵심 터치포인트를 추려낸다.

6. Real-Time 측정: 고객이 경험하는 서비스에 대한 평가를 측정하기 위해 해당 제품/서비스를 처음 접하는 단계에서부터 사용이 완료되는 순간까지의 핵심 터치포인트상에서 고객 경험을 real-time으로 평가받는다.

7. 데이터 수집분석: Real-time 고객 경험 평가 및 연계 상황 정보들을 수집, 분석
   한다.

8. Issue 발견: 데이터 분석을 통해 제품이나 서비스의 문제점 및 이슈를 발견한다.

9. 고객경험 통찰력: 이슈 발견 등을 통해 고객경험의 통찰력을 얻게 되고, 이러한
   통찰력은 고객 경험 개선 디자인으로 연결된다.

이 프로세스는 제조기업이 제공하는 제품이나 서비스에 대한 고객의 경험을 매우
정교한 단계로 평가하고 분석하는 것을 가능하게 하고, 맞춤화된 서비스 개발을 가
능하게 한다.

2. 경험 평가 및 분석

고객경험 샘플링은 사람들의 행위 수행 속에서 상황(context)에 연계되는 사람들의 행위, 생각 그리고 정서에 대한 경험을 모으는 방법이다. 고객들의 서비스 경험을 실시간으로 샘플링 하고 이를 유/무선으로 연동된 시스템에 통합적으로 저장 후 분석 및 도식화 하여 관련자 행위를 디자인 하는 것이다(그림 4-4).

스마트폰 등 디지털 휴대기기의 발전으로 인하여 사용자가 자연스러운 상태에서 실시간으로 사용자들에게 발생하는 경험 평가를 즉각적으로 얻을 수 있게 되었다. Customer Experience Sampling and Analysis(CESA)는 휴대용 혹은 부착용 모바일 기기를 이용하여 고객들의 서비스 경험을 서비스 각 상황하에서 실시간 수집하고, 이들 경험평가를 해당 상황의 상황정보와 연계하는 방법이다. 특허 2건이 등록되었고, 프로그램 1건이 등록된 방법과 도구의 시스템이다(김용세 외, 12; 김용세, 홍연구, 17; 김용세 외, 17). CESA는 기존의 Experience Sampling(ES)에 부족했던 상황요소 정보를 반영하여 소비자에게 정서 경험을 묻고 자동 저장하고 다양한 매체를 이용하여 도식화한다. 수집된 자료를 실시간으로 샘플링하고 이를 유/무선으로 연동된 시스템에 통합적으로 저장 후 분석 및 도식화하여 관련자 행위를 디자인하는 데

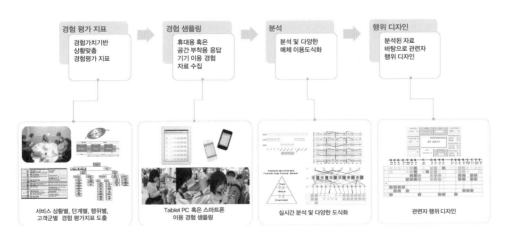

그림 4-4 경험 평가 및 분석 과정

이용할 수 있다. 사용자들의 경험 가치를 즉각적으로 얻어내기 위해 소비자들이 평소에 자주 사용하는 디지털 휴대기기를 통해 사용자들에게 발생하는 경험 데이터를 자연스러운 상태에서 실시간으로 즉각적으로 얻을 수 있도록 하였다(그림 4-5). 경험가치체계를 통해 도출된 경험어휘를 경험 여정 단계별로 사용자가 휴대용 기기를 이용해 정서가 발현되는 순간 5점 척도로 제작된 평가 인터페이스에 찍어주는 형식으로 사용자의 셀프 리포트 데이터를 획득한다. 사용자들의 경험 순간을 사진, 동영상, 음성, 메모 등을 이용해 기록하여, 사용자의 경험평가 데이터와 함께 사후 인터뷰(Reflective Interview) 등을 진행하는 등 구체적 경험 분석에 이용할 수 있다.

경험평가는 기존 서비스의 어느 터치포인트가 어떤 경험가치주제에서 문제점이 있는지를 찾아내기 위해 사용되기도 하고, 새로운 서비스 디자인이 의미있는 결과를 가져왔는지를 프로토타이핑을 통해 확인하기 위해서도 사용된다. 그리고 지속적으로 서비스가 운영되는 동안에 서비스 수혜자 및 제공자의 경험을 평가하고, 관리하기 위해서도 사용된다. 제대로 된 경험평가 및 경험관리가 없는 서비스 디자인은 진정한 서비스 디자인이 아닌 것이다.

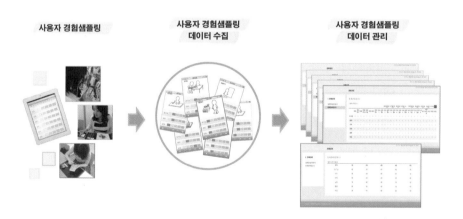

그림 4-5 경험샘플링 데이터 수집 및 관리

고객 경험 샘플링 과정

고객 경험 샘플링을 준비하는 과정을 사무환경의 조명디자인 사례를 통하여 설명해보자(Kim & Hong, 11; Kim et al., 11). 사무환경에 익숙한 다양한 고객을 확보하여 이들이 사무환경의 니즈 및 요구사항을 표출해 낼 수 있도록 워그북 등을 이용하여 자연스럽게 사무환경에 대한 생각을 축적하도록 유도한다. 이어 인터뷰 및 Make Tools 세션을 통해 각자의 Dream 사무환경을 생각해보며 잠재된 요구사항을 끄집어내도록 한다. 이 과정은 Context Mapping 방법인 Liz Sanders의 Generative Tools 방법 등을 이용하여 수행되었다(Visser et al., 05). 이런 인터뷰 및 Make 세션을 통해 얻어진 Voice of Customer를 E3 Value 체계에 따라 분류하여 경험가치 주제들을 도출한다. 실시간 경험샘플링은 고객이 실제 사무환경에서 업무를 보며 자연스럽게 진행되어야 하므로, 경험가치 주제들 중 핵심가치들을 골라, 해당 핵심 터치포인트에서의 행위 수행 시 평가되어야 한다. 이를 위해 우선순위를 정한다. 이어서 고객의 자연스런 행위 시 관련 행위에 연계하여 경험 샘플링이 진행된다(그림 4-6).

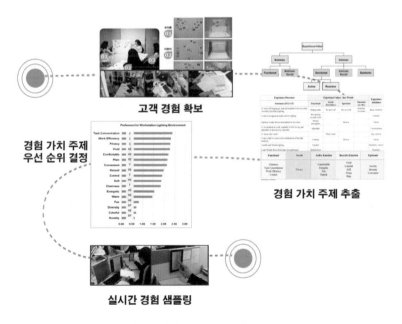

고객 경험 확보

경험 가치 주제 우선 순위 결정

경험 가치 주제 추출

실시간 경험 샘플링

그림 4-6 경험 샘플링 프로세스

샘플링 인터페이스는 터치스크린 패드, 스마트폰 및 음성인터페이스 등 다양한 인터페이스를 상황에 맞게 이용할 수 있다. 이 경험 샘플링의 고객 주관적 경험 평가 내용은 해당 행위가 수행되는 여러 상황정보 등과 연계되어 상황 반영 고객 경험 평가(Customer-Specific Experience Sampling & Analysis, CESA)를 가능하게 한다. 예를 들어 사무 집중도 경험평가주제에 대하여 고객이 자신의 주관적 경험을 평가하면, 이 순간의 조명 조건, 즉 조도, 색온도 등 물리적 상황 정보를 경험 평가에 연계한다. CESA라는 약어를 2가지 경우에 사용한다.

동대문 쇼핑몰 상황 반영 고객 경험 평가 적용 사례

2장에서 계층적 가치 체계 설명 때 이용한 동대문 의류 소매장 사례를 통해 상황 반영 고객 경험 평가 방법을 설명한다. 동대문 쇼핑몰 사용자 관찰을 통해 구성한 이동 - 쇼핑몰 인식 - 쇼핑몰 입장 - 구경하기 - 거울보기 - 계산하기 - 이동하기 - 입어보기 - 휴식하기 - 출구 찾기 - 쇼핑몰 퇴장 – 이동하기 등의 총 12개의 터치포인트로 구성된 동대문 쇼핑몰 경험 여정 맵을 구성하였다(그림 4-7). 동대문 쇼핑몰의 사용자 및 상인 즉, 서비스 수혜자 및 제공자의 관찰 및 Generative Tools(GT)를 이용

그림 4-7 동대문 쇼핑몰 경험 여정 맵

한 Context Mapping 방법 등을 통해 요구사항을 조사하고, 이들로부터 경험 어휘들을 조사하였다(그림 4-8). 이들 경험가치 항목들을 E3 Value 경험가치체계를 통해 분류하고 경험가치주제로 정리하여, 동대문 쇼핑몰 사용자의 경험가치 항목 29개를 찾아냈다(그림 4-9). 이들 중 중요도가 높은 6개의 최종 경험어휘 '신뢰', '짜증',

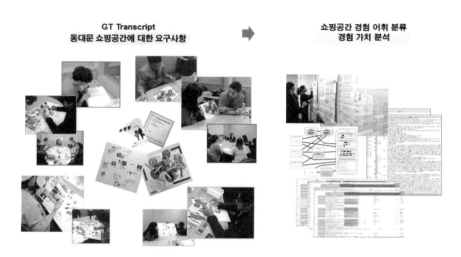

그림 4-8 Context Mapping방법활용 동대문쇼핑몰 요구사항조사 및 경험가치분석

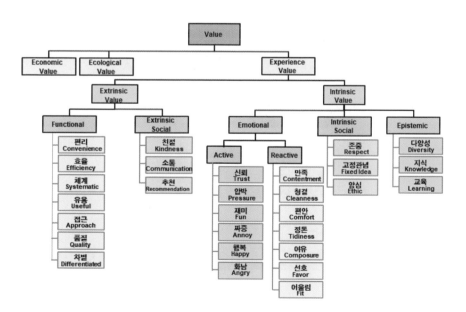

그림 4-9 동대문 쇼핑몰 E3 Value 경험가치 체계

'재미', '압박' 등의 능동적 정서가치, 외적 사회적 가치인 '친절', 내적 사회적 가치인 '존중' 등을 경험 샘플링 핵심 평가가치주제로 사용하였다. 스마트폰을 이용하여 소비자들의 경험 여정 터치포인트별로 CESA 경험가치평가를 측정하였다(그림 4-10).

총 10명의 동대문 쇼핑몰 사용자를 대상으로 진행한 CESA 평가를 통해 경험여정 맵별로 사용자의 경험가치가 어느 정도로 발현되었는지 데이터를 (그림 4-11)에서 볼 수 있다. 평균값과 편차를 반영한 결과값이 보여진다. 구경하기, 거울보기 등의 핵심 터치포인트에서, 능동적 정서인 압박 평가가 많이 나쁘다. 구경하기에서 능동적 정서인 재미가 일반적으로 높지만, 거울보기, 계산하기 접점에서는 능동적 정서인 재미의 편차가 매우 크다. 어떤 고객은 재미있었고, 어떤 고객은 재미없었다는 것이다. Pain point인 동시에 Delight Point가 될 수 있는 터치포인트이다. 서비스 디자인을 통해 개선해야 할 핵심 터치포인트인 것이다. 계층적 가치 체계(HVM) 부분에서 설명한 것처럼, 재미의 긍정적 속성 중 하나가 깎는 행위이다. 재미를 주기 위한 에누리 Co-creation 서비스가 동대문 쇼핑몰이라는 공간 상황을 활용하여 '동대문톡'이란 정보공유 및 참여 서비스로 제안되었다(그림 4-12).

그림 4-10 동대문 쇼핑몰 고객 경험 평가

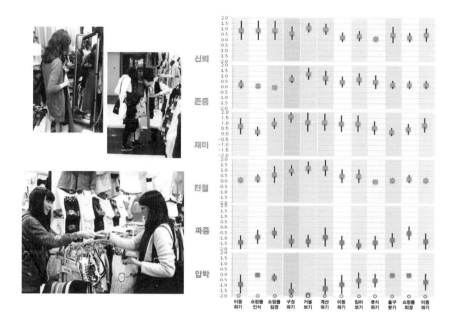

그림 4-11 동대문 쇼핑몰 CESA 결과

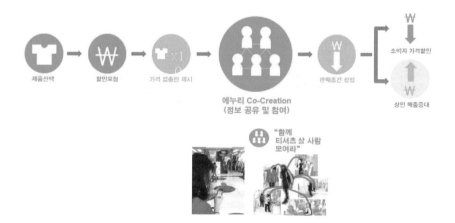

그림 4-12 에누리 Co-Creation 서비스

음식점 경험 평가 적용 사례

새롭고 특이한 음식을 제공하는 퓨전한정식 음식점에서의 고객 경험을 식사 져니 맵의 터치포인트별로, 즉, 코스 음식이 나오는 접점, 이들을 먹는 접점 및 기본적 식사 전, 후 행위들을 포함하여 경험 평가를 진행하였다. 져니 맵은 이동 - 위치찾기 - 입장 - 안내받기 - 자리이동 - 주문 - 대기 - 전식 - 식사 - 샐러드 - 식사 - 전/동치미 - 식사 - 런치박스 - 식사 - 김치파스타 - 식사 - 들밥 - 식사 - 후식 - 식사 - 대기 - 카운터이동 - 계산 - 퇴장 – 이동 등의 26단계의 터치포인트로 제작하였다. 경험가치체계를 통해 분류된 음식점 사용자의 경험어휘 중 선택 된 3개의 최종 경험어휘 '호기심', '재미', '만족'을 경험 샘플링 질문으로 사용하였다. 소비자들이 고객 여정 단계를 직관적으로 이해할 수 있도록 각 상황에 맞는 이미지를 추가하였다(그림 4-13).

그림과 같이 음식점 경험어휘 '호기심', '재미', '만족'에 대한 CESA결과는 수치화 되어 나타나게 되었다(그림 4-14). 사용자들의 정서 변화를 좀 더 쉽게 알아보기 위하

그림 4-13 음식점 져니 맵 터치포인트별 고객경험 평가

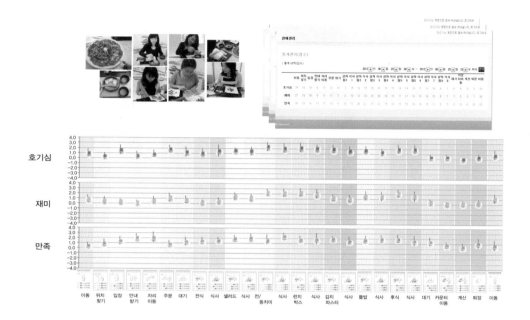

그림 4-14 음식점 경험 평가 결과 도식화

여 수치화된 데이터를 그래프화하여 표현하는 방법 및 개인별, 전체 사용자별 데이터를 비교할 수 있도록 할 수 있다.

안경원 경험 평가 적용 사례

프랜차이즈 안경원에서의 고객 경험 서비스 디자인 과제(김용세 외, 16b)에서 새로운 서비스인 스타일서포터 서비스 컨셉의 프로토타이핑 과정에서 CESA가 사용되었다 (그림 4-15). 져니 맵은 들어가기 – 방문 목적 말하기 – 사전 검안 – 고객정보 등록 - 검안하기 – 안경테 고르기 – 스타일서포터 이용하기 – 안경테 선택하기 – 안경렌즈 선택하기 - 결제하기 - 기다리기 – 안경테 핏팅하기 등의 12단계의 터치포인트로 구성되었다. E3 Value 체계의 경험가치주제 중 재미있는, 알기쉬운, 성의있는, 맞춤화된, 공감하는 등 점수가 높으면 높을수록 좋은 경험어휘 및 불편한, 압박감, 신경쓰이는, 못미더운 등의 점수가 낮을수록 좋은 경험어휘들을 이용하여 실제 고객들을 대상으로 프로토타이핑 경험평가가 진행되었다.

그림 4-15 안경원 고객 경험 평가

경험어휘들을 각각 다른 색깔로 하여 터치포인트별로 평가점수를 (그림 4-16)과 같이 표현하였다. 새로운 서비스인 스타일서포터 이용하기의 터치포인트에서 녹색, 청색 계열의 재미있는, 알기쉬운, 성의있는, 맞춤화된, 공감하는 등의 경험평가가 높게 나왔고, 붉은색 계열의 불편한, 압박감, 신경쓰이는, 못미더운 등의 경험평가는 낮게 나왔다. 공감하는 경험어휘는 져니 맵의 전반적 터치포인트에서가 아니고, 스타일서포터 서비스 터치포인트에서만 이용되었다. 스타일서포터의 서비스 결과에 대한 고객의 공감하는지에 대한 경험평가가 필요했기 때문이다. 이와 같이, 해당 터치포인트별로 필요한 경험어휘를 이용한다. 프로토타이핑을 통해 새로운 서비스가 고객의 안경원 경험을 증진시킴을 확인할 수 있었다.

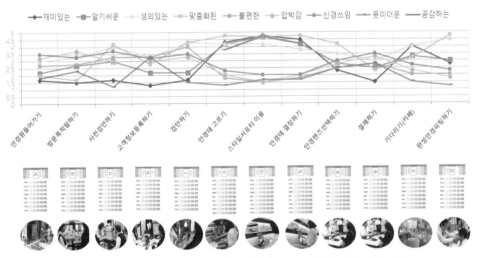

그림 4-16 안경원 서비스 디자인 프로토타이핑 경험 평가 결과

Business Innovation Service Design

서비스 프로토타이핑

서비스 디자인의 핵심은 행위디자인이다.
이러한 서비스 디자인 내용이 의도한 문제를 해결하는지,
조금 더 구체적으로 얘기하면, 의도한 경험가치주제를 증진시키는지를 확인하는
프로토타이핑이 진행되어야 한다.
일반적인 제품디자인의 프로토타이핑과 달리 실제 서비스 사용자를 대상으로
새로운 행위가 수행되고 이들의 경험을 평가하는 프로토타이핑이 수행되어야 한다.
서비스 프로토타이핑 프로세스와 사례를 소개한다.

1. 프로토타이핑

1장에서 간략히 설명한 바와 같이 Stanford대학 Design Division의 McKim 교수는 디자인 아이디어 생성 기본 과정은 크게 Seeing – Imaginig – Drawing 과정의 순환적 과정(그림 5-1)이라 했다(McKim, 72). 디자인 문제를 이해하는 Seeing, 그 문제의 기본 해결책을 생각해 내는 Imagining, 그 해결책을 간단히 스케치 해보는 Drawing, 그 스케치를 보면서, 문제해결이 되었는지를 검토하고, 보완할 부분을 찾아내는 Seeing, 이 보완책을 구상하는 Imagining, 이번에는 이 보완책을 간단한 구조물 모형으로 만들어 보는 Drawing, 이 구조물 모형을 면밀히 검토하며, 문제해결이 되었는지를 검토하고, 추가 필요점을 찾아내는 Seeing, 이들을 해결하는 설계안을 찾아내는 Imagining, 이번에는 기능을 어느 정도 수행할 수 있는 시작품을 만들어 잠재적 사용자에서 시험사용을 해보게 하는 Drawing, 이 시험사용을 관찰하고, 분석하여 문제의 해결책이 되었는지를 검토하는 Seeing 등의 과정이 순환적으로 진행되는 것이다. 여기서 Drawing이란 일관된 표현을 썼지만, 두 번째 및 세 번째 Drawing은 바로 프로토타이핑(Prototyping)이다.

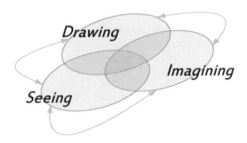

그림 5-1 디자인추론과정(McKim, 72)

Quick & Dirty 프로토타이핑

보기-상상하기-그리기의 이 디자인 아이디에이션 과정은 경우에 따라, 여러 차례의 순환과정이 진행되어야 창의적인 디자인이 나온다. 그래서 Fail Early를 창의적인 해결책을 만들어내는 디자인과정의 전략으로 얘기한다. Quick and Dirty 프로토타이핑이 필요한 것이다. (그림 5-2)는 대표적인 디자인 회사인 IDEO에서 적용한 사례들로서, 인터페이스 디자인 프로토타이핑의 경우 포스트잇에 인터페이스의 디자인 안을 간단히 스케치하여 사용자 또는 동료 디자이너의 의견을 물어보는 프로토타이핑의 예 및 의료기구의 Quick & Dirty 프로토타입을 마커, 빨래집게 등으로 만든 예를 보여준다. 저자의 Creative Design Institute에서 수행한 새로운 이미징 디바이스 UX 디자인 프로젝트 수행시 (그림 5-3)에서 보는 바와 같은 Quick & Dirty 프로토타입 들을 만들었다. 컵, 테이프 등으로 쾌속으로 만든 프로토타입들이 윗줄에, 이어 클레이 등으로 조금 더 구체화되게 만든 프로토타입들이 아랫줄에 보여진다.

그림 5-2 IDEO Quick & Dirty 프로토타입

그림 5-3 Creative Design Institute Quick & Dirty 프로토타입

2. 서비스 프로토타이핑 프로세스

서비스 디자인, 제품-서비스 시스템 디자인에서도 프로토타이핑은 아주 중요하다. 구상한 서비스 컨셉이 의미가 있는지, 어떤 부분을 보완해야 하는지 등을 알기 위해 이 서비스의 잠재 사용자들을 대상으로 프로토타이핑을 해야 한다. 서비스 디자인은 인간의 행위 디자인이다. 이들 행위의 프로토타이핑을 해야 하는 것이다. 서비스 프로토타이핑은 사람을 참여시키는 프로토타이핑이다. 가장 중요하고, 어려운 디자인 과정인 것이다.

서비스 프로토타이핑은 다양한 실제 고객 또는 잠재 고객이 참가자로 디자인 프로세스에 참여하여 디자인된 행위를 수행함으로써 Pain Point 및 Delight Point를 찾아내고, 서비스 프로세스의 숨겨진 어려운 점 등을 찾아내는 과정이다. 서비스 개선에 필요한 고객의 이야기, 다양한 피드백, 아이디어 등 중요한 통찰력을 얻을 수 있다. 서비스 프로토타이핑을 통해, 서비스 경험에 대한 흐름과 정서를 이해할 수 있다.

서비스 프로토타이핑은 다음과 같이 진행한다. 1. 다양한 프로필을 갖고 있는 서비스 수혜자 및 제공자 참가자를 모집한다. 2. 서비스 져니 맵의 핵심 터치포인트들을 선택한다. 3. 터치포인트별로, 참여자 프로필별로, 핵심 가지 주제를 선정한다. 4. 서비스의 행위 요소에 적절한 제품 요소를 구성한다. 5. 서비스 수행 과정에서의 참여자의 경험 가치를 평가하며, 서비스 수행을 동영상 등으로 기록한다. 6. 이러한 프로토타이핑을 서비스 행위 요소 등을 변경하며 반복적으로 수행한다.

의류 TakeIn 제품-서비스 시스템 사례에서 의류수거함에서 원터치 박스를 이용하여 의류를 포장하는 행위, 대형 화면을 통해 소개되는 포장 가이드를 받는 행위 등 등을 테스트하는 프로토타이핑을 간단히 준비된 폼보드 수거함 Quick & Dirty 프로토타입을 이용하여 진행한 내용이 (그림 5-4)에서 보여진다. 이러한 프로토타이핑을 거쳐 그림의 우측하단에 보이는 의류수거함의 디자인을 수행하였다.

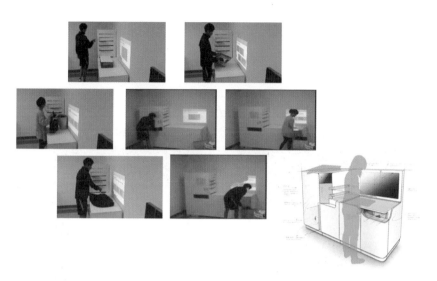

그림 5-4 의류 Take-In 제품 서비스 시스템 프로토타이핑

서비스 프로토타이핑 사례: 스마트 조명 맞춤화 서비스

커피숍의 조명환경을 맞춤화하는 서비스 시스템의 제조 서비스화 사례가 진행되었다(김용세 외, 16a). 이 제품-서비스 시스템의 프로토타이핑은 LED조명 전시회에서 4일간 진행되었다. 해당 제조기업 전시의 9번째 부스가 커피를 제공하는 커피숍이고, 10번째 부스가 조명 맞춤화 서비스를 제공하는 My Spot 부스로 구성되어 프로토타이핑이 진행되었다(그림 5-5). 9번째 부스에서 커피 주문을 위해 줄을 선 전시회 참관자들에게 (그림 5-6)과 같은 안내판을 보여주고, 10번째 부스에서 진행되는 서비스의 안내를 하였다. 프로토타이핑 서비스는 5가지 다른 조명 조건을 제공하고, 사용자들이 각 조명조건하에서 셀카 사진을 찍고, 각 조명조건하에서의 본인의 주관적 평가를 예뻐보임, 생생함, 자연스러움 등의 반응적 정서 경험가치 주제에 대해 평가를 진행한 후, 5가지 조건 중 가장 좋은 평가를 받은 조명환경을 다시 불러 셀카 촬영 및 사진 출력을 해가는 서비스이다. 이 과정의 설명(그림 5-7)을 My Spot 부스 내에 비치하고, 안내 도우미가 방법을 설명하고, 안내하여 수많은 전시장 관람객들이

프로토타이핑에 참여하여 디자인된 서비스를 경험하게 하는 프로토타이핑을 진행
하였다. 실제 진행된 사진으로 구성된 서비스 프로토타이핑의 져니 맵은 (그림 5-8)
에서 보여진다.

Coffee Shop Booth

My Spot Booth

그림 5-5 커피 주문 부스 및 조명맞춤화 서비스 부스

그림 5-6 커피숍 조명 맞춤화 서비스 프로토타이핑 안내도

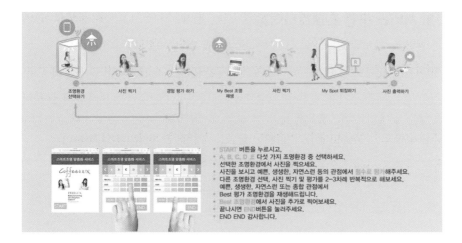

그림 5-7 커피숍 조명 맞춤화 서비스 프로토타이핑 구체 조명선택-평가 가이드

그림 5-8 커피숍 조명 맞춤화 서비스 프로토타이핑 장면

3. 서비스 공간 프로토타이핑

이와 같은 대규모 서비스 경험 프로토타이핑을 준비하는 과정에서도 커피 제공 부스의 커피 제공 공간을 결정하기 위한 프로토타이핑이 진행되었다. 커피 제공 서비스를 위해 공간의 물리적 구조에 따른 경험 평가를 통해, 적절한 서비스 공간을 디자인하기 위한 프로토타이핑이다. 서비스 공간을 이용하는 사람들의 경험이 공간의 배치에 따라 어떻게 평가되는지를 알아보고, 보다 개선된 경험을 제공하는 서비스 및 서비스 공간을 디자인하기 위한 방향을 알아보고자 한 것이다.

커피를 제공하는 서비스 공간의 배치 구조에 따른 경험의 차이를 분석하였다. 이를 위해 서로 다른 두 공간에서 인구통계학적으로 유사한 두 집단의 경험 평가를 통해 서로 다른 물리적 구조의 서비스 공간의 특성 차이를 살펴보는 프로토타이핑을 수행하였다. 커피 제공 서비스가 일어나는 공간을 중심으로 ㄱ자 형태의 첫 번째 세션과, 일자 형태의 두 번째 세션의 프로토타이핑 공간을 성균관대 서비스융합디자인협동과정의 Reconfigurable Design Studio 공간에 구성하였다(그림 5-9). 이 공간은 모듈화된 벽면 프레임을 다양하게 재배치하여 여러 공간을 구성하도록 설계된 스튜디오 공간이다. 다양한 디자인 팀구성을 위하여 공간의 재배치를 하기도 하고, 서비스 디자인 체험을 제공하는 프로토타이핑 공간을 만들기도 한다.

1) ㄱ자형 커피박스

2) 일자형 커피박스

오후 1:30~2:00
19명

오후 2:10~2:40
20명

그림 5-9 ㄱ자형 커피박스 및 일자형 커피박스

프로타이핑에 참가한 참여자들은 창의적공학설계 수강생들로서, 해당 교과목의 실습 내용을 커피마시기와 함께 경험하도록 하였다. 이리하여, 자연스런 공간 사용 행위가 수행되도록 하였다. 이 공간에 세 가지 행위를 위한 세 개의 스테이션을 설치하였다. (그림 5-9)와 같이 박스공간으로 된 커피마시기(A), 다양하게 분류하기 문제(B), 미싱뷰 문제(C) 스테이션을 배치하였다. 그 중, 커피마시기 행위를 위한 스테이션으로, 프로토타이핑 장소에 설치된 이동식 벽을 사용해 실제 전시장에 설치할 3m×3m×3m 규격의 박스공간과 유사한 공간을 만들었다. ㄱ자형 박스공간은 3m×3m 크기의 벽면 두 개가 서로 이웃하여 ㄱ자를 이루도록 배치하였다. 이 경우 트인 면이 90도 각도의 local accessibility cone(Kim, 92)을 가져, 박스공간에 접근 가능한 범위가 넓었다. 일자형 박스공간은 3m×3m 크기의 벽면 두 개가 마주보도록 배치하였다. 이 경우 박스공간이 평행하고 독립된 트인 면 두 개를 가졌다.

커피마시기를 제외한 미싱뷰 문제와 다양하게 분류하기 문제 스테이션의 형태 및 위치는 양 세션 모두에서 동일하게 테이블과 의자 5개(피험자 4명, 진행보조자 1명 착석 가능)로 구성하였다. 이 두 스테이션 외에는 프로토타이핑 장소 내에 앉을 곳을 제공하지 않아 피험자들이 프로토타이핑 장소 내에서 자유롭게 서있거나 이동하도록 하였다. 커피마시기 행위는 실제 전시장에 설치될 커피숍 환경과 유사하도록, 박스 형태의 공간 내에서 음료를 제공하였다. 피험자는 줄을 서서 공간에 진입하며 메뉴판을 보고 커피를 포함한 다섯 가지 음료 중 하나를 선택한다. 차례가 되어 주문을 하면 1명의 진행보조자가 그 자리에서 음료를 제조하여 주었다. 피험자는 음료를 수령하여 박스 공간을 떠나도록 하였다. 다양하게 분류하기 문제 행위는 주어진 시각자료를 분류하고 그 기준 진술을 반복하는 창의성 인지 요소 훈련 프로그램의 하나다(김용세, 09). 본 프로토타이핑에서는 한 세션당 총 30분의 시간 내에 세 가지 행위를 수행하도록 했으므로, 약 10분의 시간 분배를 고려하여 편성하였다. 미싱뷰 문제 행위는 주어진 두 개의 2차원 평면도를 분석하여 3차원의 입체도형으로 그리도록 하는 시각적 추론 문제이다(김용세, 09). 피험자들이 해당 스테이션에서 약 10분 내외의 시간을 소요하도록 예상하여 부여하였다. 커피마시기는 한 번에 한 명씩 피험자와 진행보조자가 일대일로 음료를 주문하고 수령하였다. 미싱뷰문제, 다양하게 분류하기 문제는 동시에 4명까지 독립적으로 수행이 가능하였다.

커피마시기를 포함한 세 가지 행위가 프로토타이핑장소 내 3개의 스테이션에서 동시에 진행되었다(그림 5-10). 스테이션 3개 각각에 진행보조자 1명이 상주하며 각 피험자가 소지한 확인용지에 행위 시작, 끝 시각을 기록하고 완료를 확인 해주었다. 피험자는 입장하여 확인용지를 배급받고 전체진행자에게 입장시각을 기록 받았다. 자유순서로 3가지 행위를 수행하였는데, 각 스테이션에 도착해서 필요한 경우 줄을 서서 기다리다가 차례가 되면 행위를 수행하였다. 행위를 시작하고 마칠 때, 피험자의 확인용지에 해당 스테이션의 진행보조자가 시작시각, 완료시각을 표기하고 완료확인 스티커를 붙여주었다. 피험자들은 세 가지 행위를 수행하며 스마트폰으로 경험평가 응답을 작성하였다. 피험자는 세 가지 행위와 경험평가를 완료하면 전체진행자에게 확인용지를 제출하고 퇴장시각을 기입 받은 후 퇴장하였다. 이상 동일한 과정이 양 세션에서 진행되었다. 사진기로 프로토타이핑 공간 및 피험자들의 행동 모습을 기록

미싱뷰   분류하기   커피 마시기

CESA   타임스탬프

그림 5-10 프로토타이핑 행위 및 평가 도구

하였고, 비디오카메라를 프로토타이핑 장소 전체를 조망하는 위치에 설치하여 각 세션 전 과정의 동선 촬영에 사용하였다.

고객 경험 샘플링 및 분석 방법을 이용하여 서로 다른 공간구성에 대한 고객 경험 샘플링 분석 결과를 바탕으로 공간 형태에 대한 사람들이 정서적 경험을 알아보고 자 하였다. 경험평가로는 기대되는, 쉬운, 지루한, 재미있는, 편리한의 다섯 가지 어휘 가 있었다. 매 단계마다 각각의 경험 지표에 대해 느끼는 해당 정도를 1에서 5까지의 척도 중에 선택하게 하였다.

피험자들이 세 가지 행위를 수행하며 스마트폰으로 작성한 경험평가에서 각 행위 에 대한 경험 지표 점수를 ㄱ자형과 일자형 두 세션 간에 비교하였다. ㄱ자형 세션 (그림 5-11)과 일자형 세션에서 미싱뷰 문제, 다양하게 분류하기 문제, 커피 마시기 행위에 대한 다섯 가지(그림 5-12)(기대되는, 쉬운, 지루한, 재미있는, 편리한) 경험지표의

그림 5-11 ㄱ자형 커피박스 프로토타이핑 모습

그림 5-12 일자형 커피박스 프로토타이핑 모습

평균점수는 (그림 5-13)과 같았다. 이 중, 커피마시기에 대한 지루한의 평균값이 일자형 세션에서 2.8로 ㄱ자형 세션의 1.9보다 유의하게 높았다. 이는 피험자들이 일자형 세션에 비해 ㄱ자형 세션에서 커피마시기에 대한 지루함을 덜 느꼈음을 의미한다(그림 5-13).

공간에서 사람들이 지루함을 덜 느끼게 하려면, 벽면구조를 ㄱ자형으로 배치하는 것을 고려할 수 있다. 이는 커피 제공 공간이 전체 주변 공간에 대해 시각적 및 동선 면에서 보다 개방되도록 함으로써 사람들 사이의 또는 사람과 환경 사이의 직간접적 상호작용을 촉진하여 실질적인 대기 시간은 비슷하더라도 덜 지루하게 느껴지는 심리적 효과를 얻을 수 있다. 이와 같이 공간의 물리적 구조에 따라 서비스 이용자들의 경험이 달라짐을 바탕으로, 서비스 의도에 따라 공간 형태를 고려하여 서비스 및 서비스 환경을 디자인할 수 있을 것이다. 서비스에서 제공하려는 경험 가치를 최

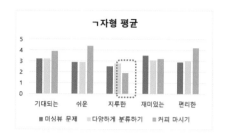
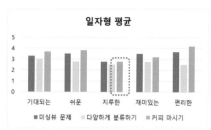

ㄱ자형 평균

범례: ■미싱뷰 문제 ■다양하게 분류하기 ■커피 마시기

일자형 평균

범례: ■미싱뷰 문제 ■다양하게 분류하기 ■커피 마시기

참여인원 : 19명 (평균)

	미싱뷰 문제	다양하게 분류하기	커피 마시기
기대되는	3.2	3.2	3.9
쉬운	2.9	2.9	4.4
지루한	2.5	2.8	1.9
재미있는	3.5	3.1	3.2
편리한	2.9	3	4.2
기타	0	0	0

참여인원 : 20명 (평균)

	미싱뷰 문제	다양하게 분류하기	커피 마시기
기대되는	3.3	3	3.7
쉬운	3.5	2.8	3.8
지루한	2.8	2.5	2.8
재미있는	3.5	2.8	3.2
편리한	3.7	2.5	4.2
기타	0	0.2	0

그림 5-13 ㄱ자형 및 일자형 경험평가 결과

대화하는 현장의 공간적 배치로 궁극적인 서비스 의도에 더 알맞는 디자인이 가능
할 것이다.

Business Innovation Service Design

비즈니스 이노베이션 서비스 디자인

저자가 연구책임자로 수행한 산업통상자원부의
제조업 서비스화 지원 프레임워크 개발 과제에서 수행한
제조업의 서비스화 적합성을 진단하는 비즈니스 컨텍스트 진단 방법,
다양한 제품-서비스 시스템의 비교 분석을 가능하게 하는
제품-서비스 시스템 프레임워크의 하나인 서비스 공간,
그리고 서비스 디자인을 통하여 제조기업의
비즈니스 이노베이션을 이끈 사례 등을 소개한다.

1. 비즈니스 컨텍스트 진단

현재 많은 제조기업들이 경쟁의 심화, 시장의 급격한 변화 등의 상황에 놓여 있다. 제조기업들이 이러한 상황에서 벗어나 경쟁력을 강화하고 새로운 수익원을 창출하는 방안으로 제조기업의 서비스화(servitization)가 각광받고 있다(Baines *et al.*, 13; Fischer *et al.*, 12; Vandermerwe & Rada, 88). 제조기업의 서비스화는 제품에 서비스를 추가하거나 제품을 서비스 형태로 제공하는 패러다임의 전환이다. 여러 기업들이 비즈니스 모델을 단순 제조 판매하던 방식에서 다양한 서비스를 더하여 기업의 가치를 성장시켜 가고 있는데, 이는 고객의 전체적인 니즈에 부응하는 서비스를 결합하여 새로운 비즈니스 기회를 창출하고자 하는 것이다(김용세 외, 14 b). 제조기업이 서비스화 전략을 도입하고자 한다면, 해당 제조기업에 적합한 것인지, 적합하다면 어떠한 방향으로 서비스화가 가능할지 파악해야 한다. 서비스화는 서비스 관점에서 새로운 기회를 창출하는 비즈니스 전략 디자인과 이를 구현하는 구체 제품-서비스 시스템의 디자인 과정으로 진행된다.

비즈니스 모델의 혁신은 제조기업의 생존과 지속적 성장을 위한 핵심적 요소로 간주되고 있다. 이러한 혁신 전략의 일환으로 제조업의 서비스화(servitization)가 새롭게 제시되고 있는 상황이다. 서비스화는 고객 만족 및 경쟁우위를 획득하고 경영 성과를 개선하기 위해, 제조기업이 서비스 지향적이 되거나 새로운 서비스를 개발하는 전략적 변화 과정이다. 기존 제조기업의 서비스화는 조직, 수익 및 비용 구조, 대상 고객 등 전반적인 변화를 요구하며, 변화 과정에서 발생하는 다양한 문제들로 인해 서비스화 시도를 어렵게 만든다. 그래서 제조기업은 서비스화 전략을 고려하기 전 현재 기업 내·외부의 전반적인 경영 환경에 대한 분석이 필요하다. 이를 통해 새로운 전략 도입과 그에 따른 서비스화가 필요한지를 파악할 수 있다. 또한, 기업 내부 역량, 외부 환경, 고객 분석 등을 포함하는 비즈니스 컨텍스트 진단(Business Context Diagnosis)을 통해 서비스화 전략을 도출하여 긍정적인 효과를 추측할 수 있을 것이다. 따라서 제조기업의 서비스화 도입을 타진하기 위한 내·외부 경영 환경 분석을 실시하기 위해서는 서비스의 특수성을 고려한 분석 프레임워크가 필요하다.

제조업의 서비스화를 진행하는 제조기업의 입장에서 서비스의 특수성을 감안할 수 있는 비즈니스 컨텍스트 진단 프레임워크를 제시한다(김지훈 외, 15). 제조기업이 서비스화 전략을 도입하고자 한다면, 서비스화 전략이 해당 제조 기업에 적합한 것인지, 적합하다면 어떠한 방향으로 서비스화가 가능할지 파악하는 진단 방법이 필요하다. 외부 경쟁 환경, 내부 역량 및 경영 환경을 제조업 및 서비스업의 특성을 통합한 관점에서 분석하고, 제품 및 고객의 관점에서 새로운 서비스의 개발 가능성을 함께 분석한다.

비즈니스 컨텍스트 분석 구조

제조기업이 서비스화를 추진할 때, 비즈니스 환경 및 이해관계자와의 상황에 따라 서비스화 적합성에 차이가 생길 것으로 예상된다. 모든 제조기업이 서비스화를 추진할 수 있는 것은 아니며 적합성에 따라 서비스화를 결정하여야 한다. 제조기업을 서비스화로 이끄는 주요 동인으로 비즈니스 환경의 변화, 내부 역량의 활용, 고객의 서비스에 대한 니즈 등 3가지로 구조화할 수 있다. 다음에 제시되는 비즈니스 컨텍스트의 각 부분별 진단 결과 비즈니스 환경 변화에 대한 점수가 높을수록 서비스화에 대한 절실함이 높고, 내부 역량의 점수가 높을수록 활용 가능성이 높으며, 고객의 서비스에 대한 니즈 점수가 높을수록 서비스화의 기회가 높은 것으로 간주하게 된다. 비즈니스 컨텍스트 분석의 각 요소를 구조화하여 나타낸 그림이 (그림 6-1)이다. 앞서 제시한 비즈니스 환경의 변화, 내부 역량의 활용, 고객의 서비스에 대한 니즈에 대한 세부 분석 요소들이 포함된다.

비즈니스 환경 변화

비즈니스 환경의 변화에서 현재 제조기업이 처한 경쟁적 환경과 기업의 대응 전략에 따른 시장 내 포지셔닝, 주력 제품의 제품 생애 주기(Product Life Cycle) 및 포트폴리

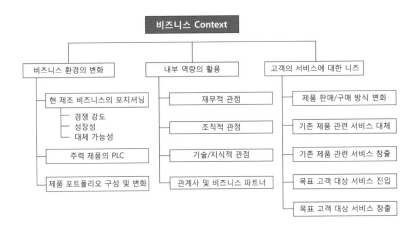

그림 6-1 서비스화 비즈니스 컨텍스트 분석

오상의 서비스화 필요성 등을 포함한다. 시장 내 포지셔닝 관점에서 경쟁강도가 심할수록, 성장성이 둔화될수록, 대체재의 위협이 커질수록 변화에 대한 절실함이 증가하여, 결과적으로 서비스화를 통한 제조기업의 변화 모색의 동인으로 작용할 수 있다. 이와 유사하게 제품 생애주기가 도입기, 성장기, 성숙기를 지나 쇠퇴기에 다가갈수록 제조기업에게 변화의 필요성이 높아진다. 제품 포트폴리오상의 변화 필요성이 커질수록 서비스화의 필요성은 증가한다.

내부 역량의 활용

제조기업이 보유한 다양한 내부 역량의 활용 측면에서 서비스화의 타당성 및 성공가능성을 평가할 수 있다. 내부 역량의 세부 요소로 첫째, 현재의 수익성 및 비용 투자 여력과 관련된 재무적 측면을 분석해야 한다. 둘째, 구조와 문화와 같은 조직적 측면을 살펴볼 수 있다. 셋째, 제품 및 관련 서비스 개발과 관련된 기술/지식적 측면이 있다. 넷째로 제품/서비스의 생산 및 전달에 있어 관계사 및 비즈니스 파트너 네트워크도 주요 분석 요소에 해당된다.

고객의 서비스에 대한 니즈

제조기업이 보유하고 있는 고객 기반의 서비스에 대한 니즈는 제조기업의 서비스화에 대한 기회 측면의 지표가 될 수 있다. 이를 바탕으로 다음과 같은 다섯 가지 유형으로 기회를 분류할 수 있다. 첫 번째 유형으로는 고객이 제품 구매 또는 기업의 제품 판매 방식의 변화 및 보완 필요성이다. 두 번째 유형은 기존 생산 제품과 직접적으로 관련성이 높은 기존 서비스를 다른 서비스로 대체 가능한지 여부이다. 세 번째 유형은 기존 생산 제품과 직접적 관련성 높은 신규 서비스를 해당 제조기업이 주도적으로 창출할 수 있는지의 가능성이다. 네 번째 유형은 기존 제품이 목표로 했던 고객들을 대상으로 다른 유형의 서비스를 제공하여 기존의 서비스를 대체할 수 있는지의 가능성이다. 다섯 번째 유형으로는 기존 제품의 목표 고객을 대상으로 신규 서비스 창출을 생각할 수 있다.

비즈니스 컨텍스트 분석 절차

비즈니스 컨텍스트 진단에서는 비즈니스 환경, 제조기업 역량, 고객 니즈 등 3개 분류의 총 12개 항목에 대한 평가를 진행하게 된다. 평가 방법은 비즈니스 컨텍스트 진단을 위한 제조기업 경영진과의 인터뷰를 통해 파악된 현상과 이슈들을 기반으로, 개발된 진단 프레임워크를 적용하게 된다. 각 항목에 대해서는 5점 척도로 진단을 실시한다. 비즈니스 환경의 항목에서는 척도상 점수가 높을수록 서비스화에 대한 절실함이 높다고 가정한다. 현 비즈니스의 포지셔닝상에서 경쟁이 치열하고 대체 가능성과 주력 제품의 수명 주기가 도입기, 성장기, 성숙기, 쇠퇴기 중 어디에 해당하는지 그리고 제품 포트폴리오의 변화가 필요한지에 대한 경영진의 인식 확인과 분석이 실시된다. 제조기업의 역량 항목에서는 점수가 높으면 내부 역량 활용 가능성이 높음을 나타낸다. 이때, 재무적으로 서비스화에 대한 투자 여력, 조직 규모 및 체계성, 기술/지식의 소유 정도, 파트너와의 제휴 강도 등을 측정한다. 마지막으로 고객 니즈 항목에서는 진단 점수가 높을수록 고객의 서비스에 대한 니즈가 높아 서비스화의

기회가 높은 것으로 간주한다. 고객이 제품 구매 방식의 변화를 원하며 실제 보완이
필요한지, 기존 제품과 관련된 서비스 도입 및 개발의 가능성, 목표 고객을 대상으로
하는 서비스 도입 및 개발의 가능성을 분석하게 된다.

비즈니스 컨텍스트 진단 사례분석

Top Plan DNC(TPD)는 직원 15명 내외 및 연매출 20억 원 정도의 소규모 가구 제조
회사이다. TPD는 패션브랜드 의류매장의 가구 설계, 가공, 조립 및 설치를 주로 하
는 제조기업이다. 본 가구 제조업체는 지금까지의 가구 제품 생산, 판매에서 더 나아
가 새로운 수익 창출과 장기적인 경쟁력 강화를 위해 서비스화 전략을 도입하고자
하였다. 서비스화 전략을 추진하기 전 전략 도입이 적절한지, 적용한다면 어떤 방향
으로 진행해야 하는지를 파악하기 위해 비즈니스 컨텍스트 진단을 실시하였다. 비즈
니스 환경의 변화, 내부 역량의 활용 가능성, 고객의 니즈를 분석한 비즈니스 컨텍스
트 진단 결과는 (그림 6-2)와 같다.

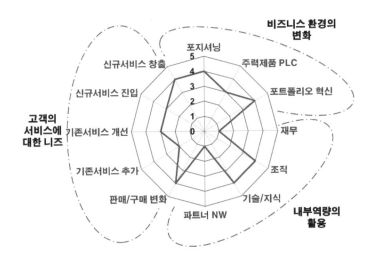

그림 6-2 TPD의 비즈니스 컨텍스트 분석 스파이더 웹

비즈니스 환경 변화 진단

현재 의류 매장 가구업계는 백화점 매장 공간 등에 연계된 가구회사로 역할이 점점 커지는 상황이다. 경쟁강도, 장기적인 성장성 및 다른 기업의 가구 제품에 의한 대체 가능성을 분석하였을 때 현재의 포지셔닝에서는 5점 만점에 4점에 해당될 만큼 다른 업체들과의 경쟁이 치열한 상황이었다. 주문 제작, 생산하는 가구의 수명 주기는 성장기에서 성숙기로 점차 이동하고 있음을 알 수 있었다. 또한 제품 포트폴리오를 살펴보면 의류 매장이라는 특정 분야를 위해 제작, 납품하는 가구만으로 단순하게 구성되어 있었다. 의류사업의 특성으로 볼 때 봄, 가을 시즌을 대비한 겨울, 여름의 성수기가 있는 반면, 봄, 가을은 비수기이다. 따라서 비수기에도 수익을 창출할 수 있는 새로운 포트폴리오의 구성이 필요한 상황으로 분석되었다. 이렇듯 포지셔닝, 제품생애주기, 포트폴리오 구성 등 전반적으로 비즈니스 환경이 변화를 필요로 하는 상황으로 분석되었다.

내부 역량의 활용

TPD 내부역량관점으로 분석하였을 때 원목 가구 디자인 능력 및 신속한 제작과 현장에서의 설치 공정 부분에서 핵심역량을 갖고 있는 것으로 파악되었다. 또한 경영진을 비롯하여 가구 제작 직원의 역할 분담 등 조직적, 기술적 관점의 내부역량은 충분히 있는 것으로 분석되었다. 하지만, 소규모 제작 업체로 신규 제품, 서비스 개발 등에 투자할 재정적 여유는 충분하지 않았다. 비즈니스 파트너 관점에서도 고객 업체 외에 전략적으로 제휴를 맺고 공동 비즈니스를 추진하는 부분은 이행되지 않았다. 따라서 현재 갖추고 있는 내부역량을 활용하면서 부족한 비즈니스 파트너 부분 등의 보완 전략이 필요한 상황으로 분석되었다.

고객의 서비스에 대한 니즈

의류 매장에서 필요한 맞춤형 가구를 제작하고 있는 상황에서 기존 서비스의 개선 및 신규 서비스의 창출에 대한 니즈는 크지 않았다. 다만, 전체적인 가구 고객 관점에서 보면 기존의 업체 고객들뿐만 아니라 개인 고객들에게도 맞춤형 가구에 대한 수요가 있으며, 더욱 다양한 니즈가 생겨나고 있었다. 따라서 이를 위해 목표 고객을 일반 개인 고객으로 확대하고 이를 위한 신규 서비스 창출의 필요성은 충분한 것으로 분석되었다. 또한, 본 사례 기업은 일부 고객에 대한 맞춤가구를 제작한 경험은 있으나, 고객 및 판매채널 확보는 따로 준비되지 않은 상황이었다.

비즈니스 컨텍스트 진단 결과 활용

TPD는 비즈니스 환경의 변화에서 의류업계 납품용 가구 제작이라는 계절적 영향과 경쟁 강도의 강화 등의 요인에 의해 서비스화 전략이 필요하다고 인식되었다. 또한, 조직 및 기술의 내부 역량에서 가구 제조와 관련한 지식 및 기술은 충분하기 때문에 그것의 활용에 있어 충분한 경쟁력을 가지고 있었다. 마지막으로 고객들의 서비스에 대한 니즈가 있는 상황으로써 내부 요소의 강점 및 고객들의 니즈를 바탕으로 하는 서비스화가 필요한 제조기업으로 진단되었다. 이러한 비즈니스 컨텍스트 진단 결과에 대한 분석을 바탕으로 서비스화 전략을 창출하였다. 고객의 니즈를 반영하고 가구 제작의 기술과 지식을 바탕으로 신규 서비스를 창출하는 서비스화로 행복맞춤목공소 신사업이 창출되었다(Kim *et al.*, 15b). 행복맞춤목공소의 구체적 서비스화 과정은 3절에서 설명된다.

2. 제품-서비스 시스템 표현 프레임워크: 서비스 공간

제품-서비스 시스템들은 아주 다양하다. 제품에서 시작된 제품-서비스 시스템도 있고, 서비스의 제품화로 만들어진 제품-서비스 시스템도 있다. 일단 제조업의 서비스화라는 큰 틀에서 보아, 제품에서 시작된 제품-서비스 시스템들을 집중해서 보도록 한다. 서비스화의 시작, 즉 제품-서비스 시스템 디자인의 시작은 해당 제조업의 제품에서부터이다. 그런데 제품의 종류는 매우 다양하다. 따라서 제품-서비스 시스템들은 어떤 제품에서 시작되었는지의 관점에서 볼 수 있다. 시발점인 제품의 분류에 따라 제품-서비스 시스템의 분류가 가능할 수 있다. 이 관점을 제품 공간(Product Space)이라고 한다.

과연 해당 제조기업의 제품의 고객은 어떤 고객인가라는 관점에서, 즉 고객 공간(Customer Space)의 관점에서도 제품-서비스 시스템들을 비교할 수 있다. 이들 고객은 어떤 가치를 추구하느냐의 관점에서 가치 공간(Value Space)을 생각할 수 있다. 이런 식으로 수많은 제품-서비스 시스템들을 표현하고, 비교하고, 이를 새로운 제품-서비스 시스템을 디자인하는 데 이용하기 위해 제품-서비스 시스템 표현 프레임워크(Product-Service System Representation Framework)를 개발하였다(Kim *et al.*, 15a; Kim, 16).

서비스 공간

그 중 하나인 서비스 공간(Service Space)을 설명해 보자. 다양한 제품-서비스 시스템의 사례들이 (그림 6-3)에 있다. 우선 자전거 렌탈 서비스를 보자. 이 서비스는 자전거라는 제품의 Availability를 확보해주는 서비스이다. 항공기엔진 제품-서비스 시스템은 엔진 제품에 유지 보수 서비스를 결합한 제품-서비스 시스템이다. 결국 제품이 고장나지 않아 잘 사용되도록 하는 것이 핵심가치 제공이다. 이들 서비스는 제품지원서비스(Service Supporting Products)라고 할 수 있다. 반면에 나이키플러스 서비스의 예를 보자. Fuel Band 서비스는 나이키의 제품인 운동복, 운동화 등을 지원하는

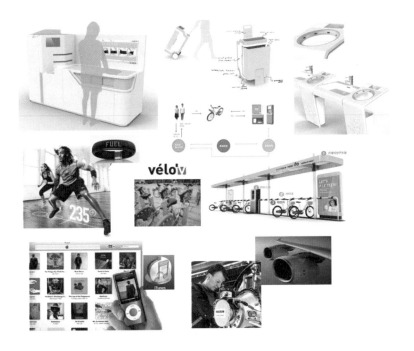

그림 6-3 제품-서비스 시스템 사례들

서비스가 아니라, 이들 제품 사용자의 라이프 스타일을 변화하도록 지원하는 서비스이다. 물론 이런 라이프 스타일의 변화는 나이키 제품의 더 많은 매출을 가져올 것이고, 고객들은 나이키와 깊은 관계를 형성해 나갈 수 있다. 이와 같은 서비스를 고객지원서비스(Service Support Customer)라고 한다. 제품-서비스 시스템들을 이와 같이 서비스 공간에서 표현하고 비교해 볼 수 있다.

서비스 공간 분류

저자는 제품지원서비스, 고객지원서비스의 두 가지 분류가 아닌, 5단계로 구성된 서비스 공간을 제시하였다. 제품지원 서비스(service supporting products, SSPP), 주 제품지원 보조 고객지원 서비스(service supporting mainly products and partially customers, SSPc), 제품/고객 반반 지원 서비스(service supporting products and customers about half and half, SSPC), 주 고객지원 보조 제품지원 서비스(service

support mainly customers and partially product elements, SSCp), 고객지원 서비스
(services supporting customers, SSCC) 등 5단계이다. SSPP는 제품 지원을 강조하기 위
해 대문자 P를 2번 사용했다. SSPc는 제품지원이 주이고, 고객지원이 보조이므로,
대문자 P를 앞에 소문자 c를 뒤에 사용하였다. SSPC는 제품지원과 고객지원이 반반
이므로, 대문자 P와 대문자 C를 사용하였다. 혹시 SSCP라고 표기해도 같은 뜻이다.
SSCp는 고객지원이 주이므로 대문자 C를 앞에, 소문자 p를 뒤에 썼다. SSCC는 고
객지원을 강조하기 위해 대문자 C를 2번 썼다.

대부분의 제품-서비스 시스템들은 몇 가지의 서비스 컨셉들로 구성되어 있다. 따
라서 제품-서비스 시스템을 구성하는 각각의 서비스 컨셉들을 SSPP, SSPc, SSPC,
SSCp, SSCC 등의 분류로 평가하여 제품-서비스 시스템의 서비스 공간을 표현한다.
서비스공간의 평가체계는 (그림 6-4)에서 보는 바와 같이 제품 의존도, 고객역량 증
진, 맞춤화 수준, 고객서비스 상호작용, 산업간 융합다양화 등의 관점에서 수립되었
다. 제품의 기능향상, 매출증대 등을 위한 단순한 서비스의 경우, SSPP로 평가된다.
배송, 예약 등 제품관련 서비스의 경우, SSPc로 평가된다. 직접적 제품 사용법 교
육 이상의 제품에 관련된 고객역량을 증진시키는 교육 등과 같은 서비스는 SSCp
로 평가되며, 고객의 행태 변화를 견인하는 서비스는 SSCC로 평가된다. 개인화 수
준의 맞춤화 서비스는 SSCC로 평가되는 반면, 제품의 다양성에 의존하는 맞춤화는

	SSPP	SSPc	SSPC	SSCp	SSCC
제품 의존도	· 제품의 기능향상 · 제품의 보호 또는 강화	· 제품과 연동된 서비스 제공 · 제품관련 통합솔루션 제공 · 배송 및 기술지원 · 유통 채널 확장		· 제품의 의존도가 낮은 서비스 제공	· 제품의 의존도가 거의 없는 서비스 제공
고객역량 증진		· 깊은 제품관련성을 갖고 있는 낮은 고객 역량 증진	· 제품과 관련성이 있는 고객역량증진	· 일부 제품 관련성을 갖고 있는 고객 역량 증진 · 제품관련 교육을 통한 고객 역량 증진	· 고객 행태 변화
맞춤화	· 제품 포트폴리오를 통한 맞춤화	· 제품 중심 서비스 부가를 통한 맞춤화	· 서비스 터치포인트의 맞춤화	· 터치포인트 별 서비스의 맞춤화	· 개인화 수준 맞춤형 서비스 제공
고객 서비스 상호작용		· 거래 기반 고객 서비스 상호작용	· 거래 기반 고객 서비스 상호작용의 확립 및 관계 기반 고객 서비스 상호작용 지향	· 관계 기반 고객 서비스 상호작용 구축	· 관계 기반 고객 서비스 상호작용 확립
산업간의 융합 다양화	· 제품 향상을 위한 산업 간의 융합	· 제품과 연동된 서비스 향상을 위한 산업 간의 융합	· 다양한 서비스 기업과의 전략적 제휴 네트워크 형성	· 고객 지향 서비스 확대를 위한 산업 간의 융합 구축	· 고객 지향 서비스 확대를 위한 산업 간의 융합 확립

그림 6-4 서비스 공간 평가체계

SSPP로 평가된다. 고객이 지속적으로 주도하는 상호작용에 기반한 서비스는 SSCC로 평가된다. 이종 산업간의 융합으로 고객을 지원하는 서비스가 확대되는 경우는 SSCp 또는 SSCC로 평가된다.

서비스 공간 분류 예시

서비스공간의 분류평가를 이해하기 위해 몇 가지 익숙한 제품-서비스 시스템 사례를 설명해보자. 카펫업체 Interface는 카펫을 사용하여 낡아지는 부분은 전체가 아니라 일부가 먼저 낡아진다는 점을 이용하여 카펫 전체를 교환하지 않고 낡아진 부분만을 교체하는 것이 가능하도록 하였다. 아예 기존의 롤 형태의 카펫 대신, 카펫에 여러 무늬를 만들어, 부분만을 교체해도 카펫의 모습이 자연스럽게 보이도록 하는 카펫 모듈 제품을 만들고 부분 교환 서비스를 제공하였다. 환경적인 기여를 하는 제품-서비스 시스템으로 잘 알려진 사례이다. 맞춤화 부분 교환 서비스 및 유지 관리 서비스 컨셉은 모두 SSPc로 평가된다(그림 6-5). 카펫 모듈 단위 교환 서비스는 제품에 기반한 맞춤화이다.

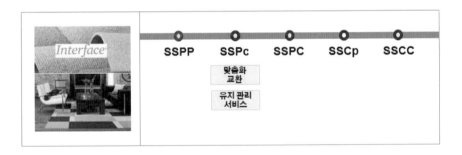

그림 6-5 인터페이스 카펫 제품-서비스 시스템의 서비스 공간 분류

유럽의 자동차 업체들은 유럽연합(EU)으로부터 CO_2 배출량을 줄이라는 압력을 받았다. 대부분의 업체는 CO_2 절감형 엔진을 만듦으로써 이에 대응하려 했지만 피아트 자동차는 에코 드라이브 서비스를 통해 유럽연합(EU)의 요구조건을 충족시켰다. 에코 드라이브 서비스는 운전기록으로 운전습관을 분석하여 운전자가 운전 중 CO_2를 얼마나 배출시키는지 분석할 수 있게 하였다. 또한 운전자의 나쁜 습관을 고칠 수

있도록 운전상황별 튜토리얼을 제공하고, 이러한 결과를 다른 운전자들과 공유하는 커뮤니티를 만들었다. CO_2 배출량 정보를 제공하는 서비스 컨셉은 SSPC, 운전상황별 운전 습관 개선 교육 서비스는 고객의 주도적 의지로 지속적으로 사용자의 행태를 변화시키는 서비스이므로 SSCC로 평가된다(그림 6-6).

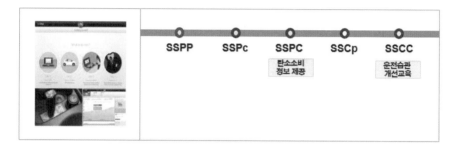

그림 6-6 피아트 에코드라이브 제품-서비스 시스템의 서비스 공간 분류

3장에서 비즈니스 모델 전략 디자인 설명시 이용한 화장방 제품-서비스 시스템의 서비스 유닛들의 서비스공간 평가를 설명해 보자(그림 6-7). 화장품과 화장대, 조명 등 화장환경을 대여하는 서비스 컨셉은 SSPc로 분류된다. 메이크업 상담 및 직접 메이크업 해주기 서비스 컨셉들은 고객 개인 및 상황에 맞춤화된 서비스이며 고객의 역량을 증진시키는 서비스이므로 SSCp로 분류된다.

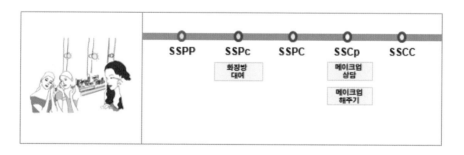

그림 6-7 화장방 제품-서비스 시스템의 서비스 공간 분류

5장 서비스 프로타이핑 설명에서 소개된 커피숍 조명 맞춤화 제품-서비스 시스템의 예를 살펴보자(그림 6-8). LED조명의 조도, 색온도, RGB 등을 바꿔가며 조명을 제어하는 서비스 유닛이 있다. 이 서비스는 제품의 기능 제어 서비스이므로 SSPP로 분류된다. 조명 맞춤화 서비스가 제공되는 My Spot은 Shop in Shop 고객접점 비즈니스 모델 전략으로 여러 커피숍에서 제공가능하다. 사용자는 자기가 원하는 위치, 원하는 시간에 My Spot을 사용하기 위해 중앙관리형 예약시스템을 통해 예약하는 서비스 유닛은 My Spot의 Availability 제공의 서비스이므로 SSPc로 분류된다. 조명 제품을 포함하는 My Spot이라는 물리적 시스템의 예약서비스인 것이다. 사용자 각자에 취향에 맞게, 또 수행할 행위에 맞게 조명환경을 맞춤화 하는 서비스는 SSCp로 분류된다. My Spot의 사용자들끼리의 커뮤니티를 제공하는 서비스는 이들의 주도적이고, 밀접한 상호작용으로 이루어지는 서비스이다. 따라서 SSCC로 분류된다.

그림 6-8 커피숍 조명 맞춤화 제품-서비스 시스템의 서비스 공간 분류

3. 비즈니스 이노베이션 디자인 사례: 행복맞춤목공소

TPD는 비즈니스 환경의 변화에서 의류업계 납품용 가구 제작의 계절적 영향과 경쟁 강도의 강화 등의 요인에 의해 서비스화 전략의 필요성이 인식되었다. 또한, 조직 및 기술의 내부 역량에서 가구 제조와 관련한 지식 및 기술은 충분하기 때문에 그것의 활용에 있어 충분한 경쟁력을 가지고 있었다. 마지막으로 고객들의 서비스에 대한 니즈가 있는 상황으로써 내부 요소의 강점 및 고객들의 니즈를 바탕으로 하는 서비스화가 필요한 제조기업으로 진단되었다. 가구 제조기업 TPD의 경우 이러한 비즈니스 컨텍스트 진단 결과에 대한 분석을 바탕으로 서비스화 전략을 창출하였다. 고객의 니즈를 반영하고 가구 제작의 기술과 지식을 바탕으로 신규 서비스를 창출하는 서비스화로 행복맞춤목공소 신사업이 창출되었다(Kim *et al.*, 15b). 서비스화 프로세스는 2014년 9월에 시작하여 11월에 첫 번째 기획단계를 완료하였고, 2015년 3월, 개발단계를 완료하여 2015년 5월에 새로운 제품-서비스 융합 비즈니스를 공식 런칭하였다.

Personalized DIY 체험 서비스

TPD는 계절 변화가 있는 패션산업에 종속되어 있고 신속한 현장 세팅 공정, 맞춤 디자인 및 시공, 신속한 제작 등의 핵심역량을 보유하고 있다. TPD의 주요고객은 인테리어 디자인 회사와 패션 브랜드회사로 B2B 비즈니스를 기반으로 하고 있다. 생산되는 제품은 어느 정도 성숙단계에 있기 때문에 서비스화를 통해 비즈니스를 향상시킬 수 있다. TPD의 비즈니스 컨텍스트 분석은 (그림 6-2)에서와 같다. 이러한 분석을 기반으로 TPD의 서비스화는 경쟁력을 높이기 위한 적절한 전략이 될 수 있다. TPD의 특수성으로는 패션산업의 특성상 성수기, 비수기가 존재하기 때문에 비수기를 활용한 인력의 역량활용에 대한 니즈가 강하고, 수도권에서 좋은 접근성과 주변 자연환경을 가지고 있다.

비즈니스 컨텍스트 진단 이후 TPD CEO와 성균관대 서비스디자인팀이 함께 서비스 디자인 워크샵을 진행하였다(그림 6-9). 의류가구 제품의 라이프 사이클 스텝 분석

그림 6-9 TPD CEO 워크샵

을 수행하였다. (그림 6-10)에서 보듯 구체설계, 생산 및 설치 LCS에서 TPD가 직접 관련자이다. 인터넷 등을 활용한 데스크 리서치를 통해 의류고객 및 가구고객의 요구조건을 사전에 준비해 놓았다(그림 6-11). TPD CEO와 함께 성균관대 서비스 디자인팀이 함께 의류, 가구 고객의 입장에서 추가적인 요구조건들을 만들었다(그림 6-12, 그림 6-13). 그리고, 이들 요구조건들을 E3 Value 체계로 분류하며, 핵심 가치 주제를 선정하였다(그림 6-14). 다양성, 맞춤화, 개인화, 자랑, 비교, 재미, 신뢰, 고품질, 배치정보라는 핵심 가치 주제들이다.

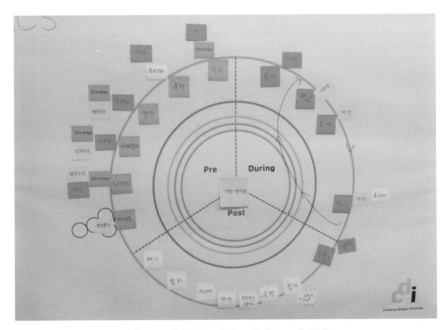

그림 6-10 의류 가구 라이프 사이클 스텝 분석

그림 6-11 의류, 가구 고객 요구조건들

그림 6-12 요구조건 E3 Value 분류과정

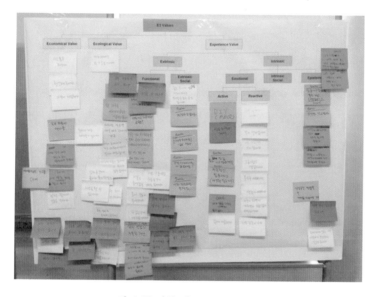
그림 6-13 의류 가구 E3 Value 체계

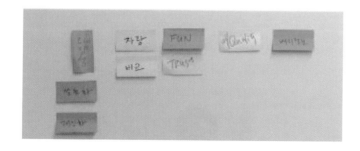
그림 6-14 주요 가치 주제 및 서비스

그 다음 의류 및 가구 관련된 기존 제품-서비스 융합 사례들을 조사하였다(그림 6-15). 가구 관련 사례 중 하나인 일본의 가구 매장 사례는 가구 배송 완료 후 1개월 후에 가구점에서 재차 방문을 하여 가구 재배치 등 유료로 추가 서비스를 제공하는 사례가 있다.

배치정보라는 학습적 가치를 제공할 수 있는 서비스로 방문을 통한 고객의 배치 니즈를 파악해 이와 관련된 정보를 제공하는 서비스 컨셉을 생각할 수 있다. 국내의 생활가전 업체도 유지 보수를 위한 가정 방문을 통해, 방문 가정주부와 밀접한 관계를 유지하며 해당 가정의 다양한 니즈를 찾아내고, 이를 관련 제품의 판매 및 렌탈에 이용하는 사례가 있다. 고객의 집에 들어가 고객과의 친밀한 관계를 형성하는 것이 바람직하다. 그런데, 고객의 집에 방문하는 것은 쉽지 않다. 그렇다면, 역으로 고객을 가구제조업체로 오게 하면 어떨까 라는 생각을 할 수 있다. 게다가 TPD는 공장이 비교적 쾌적하고, 접근성도 좋은 위치에 있다. 맞춤화와 재미 등의 가치를 제공하며, 고객을 공장에 오게 하는 서비스 컨셉으로 가구 DIY 체험 서비스를 개발하였다(그림 6-16). 가정용 맞춤화 가구 시장 진입을 위한 단계적 서비스로 DIY 체험서비스를 개발한 것이다. TPD와 고객 간의 관계형성을 위하여 고객이 먼저 TPD의 가구제작 현장을 방문하고 이어 TPD가 고객을 방문할 수 있는 서비스 컨셉을 디자인하였다(그림 6-17). 그리고 가족단위의 DIY라는 점 등을 고려하려 Kids가구 등 간단한 가구를 DIY 아이템으로 결정하였다(그림 6-18).

그 다음 몇 가지 서비스 컨셉의 서비스 포트폴리오를 고안하고 Personalized DIY 컨셉의 서비스 스페이스(Service Space)를 (그림 6-19)와 같이 분석하였다. 6장 2절 서비스 스페이스 설명에서 소개되었듯이, SSCC는 고객의 가치증진 제공 고객지원서비스를 나타내는 반면에 SSPP는 제품의 기능을 지원하는 제품지원서비스를 나타낸다(Kim *et al.*, 15a). 고객은 원하는 DIY 가구를 선택할 수 있고 현장에 방문하여 원하는 가구를 직접 만들어 볼 수 있다. 또한 제조회사는 가구 제조 과정에 관심이 있는 고객에게 DIY 교육을 실행 할 수 있다. 그리고 고객과의 가까운 관계를 유지하기 위해 고객의 가정에 직접 방문하여 유지보수 서비스를 제공할 수도 있다. 또한 회사는 고객이 직접 만든 DIY 가구를 배송해 주고 사용하는 사진을 커뮤니티를 통해 공유할 수도 있을 것이다. 이러한 모든 서비스는 고객과 기업간의 친밀한 관계를 형성하고 신뢰를 쌓을 수 있는 방법으로 설계되었다.

그림 6-15 의류/가구 관련 서비스 사례들(서비스 컨셉의 서비스 공간 분류)

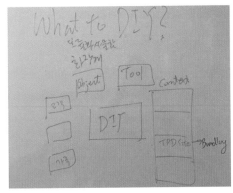

그림 6-16 DIY 상황 기반 행위 모델링

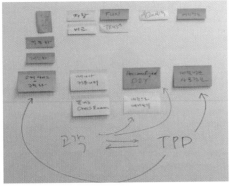

그림 6-17 주요 가치 지원 서비스 아이디어

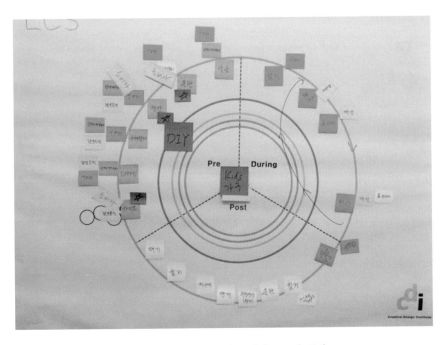

그림 6-18 Kids 가구 라이프 사이클 스텝 분석

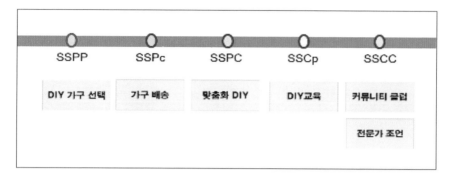

그림 6-19 DIY 서비스 컨셉 서비스 공간

다음으로 구체적인 제품-서비스 시스템 디자인을 위하여 행복맞춤목공소라는 브랜드명이 설계되었다. 가족고객이 가구공장에 방문하여 전문가의 도움을 받으면서 각자의 노력과 방식으로 가구를 만들어 보면서 고객 가족에게 딱 맞는 행복을 고객 가족 스스로 만들어 가도록 하는 서비스라는 의미이다(그림 6-20). 그 다음 DIY 신청하기 제품선택하기, 길 찾기, 이동하기, 장소도착하기, 공장 견학하기, DIY 안내받기, 색상 선택하기, DIY 하기, 점심 먹기, 작업 마무리하기, 가구 차에 싣기, 집으로 출발하기, 집으로 이동하기, 집 도착하기, 가구 사용하기 등의 총 16단계로 구성된 Journey Map을 설계 하였다(그림 6-21). 이에 따라 구체 서비스행위가 서비스 블루프린트로 설계되었다(그림 6-22).

그림 6-20 행복맞춤목공소 브랜드 디자인

그림 6-21 가구 DIY 서비스 행복맞춤목공소 져니 맵

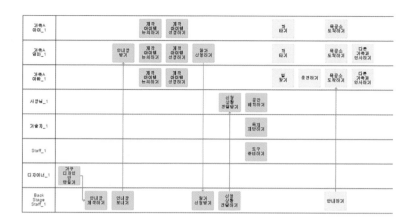

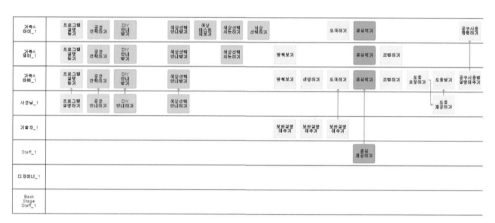

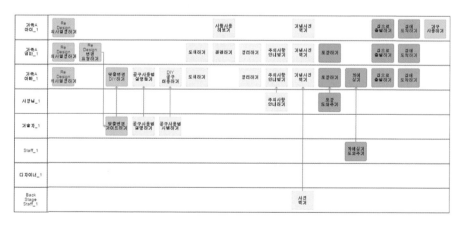

그림 6-22 행복맞춤목공소 서비스 블루프린트

행복맞춤목공소 프로토타이핑

구체 서비스 디자인 이후 두 번의 프로토타이핑(Prototyping)이 가구 회사의 공장에서 진행되었다. 첫 번째 프로토타이핑은 초등학생 자녀가 있는 가족을 대상으로 진행되었다. 가구 공장에 설치된 행복맞춤목공소 배너, 도착하기, 인사하기, 설명듣기, DIY하기, 점심먹기, 도색작업하기, 사진찍기 등의 프로토타이핑 장면이 (그림 6-23)에 보여진다. 가족단위 인증샷 찍기, 차에 싣기, 집으로 가기, 집에서 사용하기 등의 프로토타이핑 장면이 (그림 6-24)에 보여진다.

DIY현장에서 서비스제공 기술자의 맞춤화서비스에 감동받은 아빠 엄마 고객의 모습이 (그림 6-25)에 있다. 이날 이 가족은 2 Seater 의자를 만들었다. 사실 이 의자는 수납장이기도 하다. 엄마는 DIY 진행 도중에, 아이들의 물건이 가득 채워지면 이 의자를 들기 어려울 것이라고 걱정을 했다. 그러면서 바퀴가 달려있다면 좋겠다고 했다. 그런데 이 의자는 이미 자녀들의 키에 비해 높게 좌판이 달려있다. 그런데 여기에 바퀴를 달면, 좌판이 더 높아질 것이다. 이때 기술자는 아무런 말없이 의자의 바닥면을 탕탕탕 쳐서 안쪽으로 넣었다. 바퀴를 부착해도, 좌판이 더 높아지지 않도록. 이를 본 엄마 아빠의 안도하며 기뻐하는 감동적인 모습이 (그림 6-25)에 포착된 것이다. (그림 6-23)의 마지막 사진의 의자는 바퀴가 달려있는 것이다. 안으로 들어가서 잘 안 보인다. 이런 맞춤화 서비스가 서비스 지배논리를 의미 있게 해 준다.

그림 6-23 행복맞춤목공소 프로토타이핑 (1)

그림 6-24 행복맞춤목공소 프로토타이핑 (2)

그림 6-25 DIY현장에서 서비스제공자의 맞춤화서비스에 감동한 고객의 경험

프로토타이핑 경험평가

구체 서비스 행위에 대한 경험을 다양한 가치 주제에 따라 실시간으로 평가하는 방법인 CESA를 이용하여, 현장에서 스마트폰을 통하여 실시간으로 고객의 서비스 경험을 평가하였다. 가족난위의 경험 평가 모습이 (그림 6-26)에 보여진다. (그림 6-27)은 행복맞춤목공소의 E3 Value이다. 이들 중, 맞춤화라는 기능적 가치, 재미, 뿌듯함 등의 능동적 정서가치, 친밀함이란 반응적 정서가치, 학습적 가치 등은 경험평가 전 터치포인트에서 평가 가치 주제로 사용하였고, 신뢰, 쉬운, 적절한, 안전 등의 가치 주체 등은 관련성 깊은 터치포인트에서 평가 가치 주제로 사용하였다(그림 6-28, 그림 6-29).

(그림 6-28)에서 녹색으로 표시된 가치 주제 재미는 색상선택하기, DIY하기, 작업 마무리하기 등 DIY 핵심 작업 행위에서 높게 평가되었다. 보라색으로 표시된 뿌듯함이라는 능동적 정서가치의 평가를 보자. 길찾기, 이동하기, 도착하기 등에서는 별로 높지 않던 뿌듯함이, 정작 DIY 핵심이라 할 수 있는, 색상선택하기, DIY하기 등에서 높아지기 시작하여, 계속 높게 유지되고 특히 가족이 함께 만들어온 가구를 사용하는 서비스 터치포인트에서 최고가 되었다. 뿌듯할 거라 생각하지 않았는데, DIY 서비스를 해보니 뿌듯함을 경험했고, 특히 직접 만든 가구를 사용하면서 뿌듯함을 크게 느낀다는 평가 결과인 것이다. 공장견학하기, DIY하기 등에서 학습적 가치가 매우 높게 평가된 점도 주목할 만한 바람직한 평가 결과이다. 반면에, 가족단위로 피크닉 온 것처럼 경험을 느끼게 하기 위해 1인당 5만 원짜리의 바비큐 케이터링으로 점심을 준비했음에도, 대부분의 평가 주제에서 점심먹기 서비스 터치포인트는 낮은 평가를 받았다(그림 6-28). 색상선택하기 서비스도 친숙한, 학습적 경험가치 관점에서는 Pain Point로 평가되었다. 이와 같이 고객들의 구체적인 서비스 프로토타이핑 CESA 경험평가를 통해 서비스의 각 터치포인트의 의미 및 개선점 등을 파악할 수 있었다.

이제 Double Deck 서비스화 과정의 전략단계로 올라가, 서비스 컨셉의 제품-서비스 비즈니스 모델을 비즈니스 모델 캔버스를 이용하여 여러 관점의 전략을 단계적으로 설계하였다. 그리고, 다시 구체 제품-서비스 시스템 개발단계로 내려와 서비스를 보완하여, 2차 프로토타이핑을 진행하여, (그림 6-29)와 같은 2차 고객경험 평가를 얻었다. 1차와 비교하여 전체적인 경험 가치가 향상되었다. 뿌듯함, 재미, 맞춤화 등의 핵심 평가 주제가 핵심 터치포인트에서 높게 평가되었다. 2차 프로토타이핑 때는 1인당 5천원짜리 비빔밥을 제공했는데, 점심먹기는 여전히 평가가 낮았다. 2차에 걸친 평가로부터, 행복맞춤목공소 서비스의 핵심은 점심식사 같은 서비스 단위가 아니라, DIY하기의 맞춤화 등에 있다는 점을 확인할 수 있었다. 도색작업이 중요한 반면, 여전히 자재면 고르기, 색상선택하기 등을 보완해야 함을 확인할 수 있었다. 이들을 개선, 보완하는 서비스 디자인을 추가적으로 수행해야 한다. 프로토타이핑에 참여한 2가족이 같은 모양의 의자를 다른 느낌과 크기(1 Seater 및 2 Seater)로 DIY한 모습을 (그림 6-30)에서 볼 수 있다. 프로토타이핑에서 찍은 사진을 이용하여 고객 여정맵을 (그림 6-31)과 같이 작성하였다.

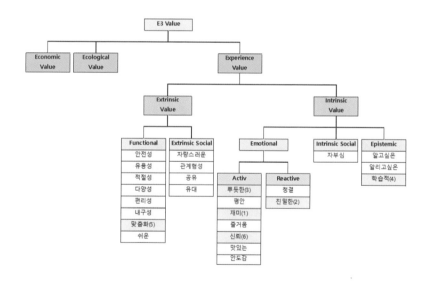

그림 6-26 행복맞춤목공소 실시간 고객경험평가

그림 6-27 행복맞춤목공소 E3 Value

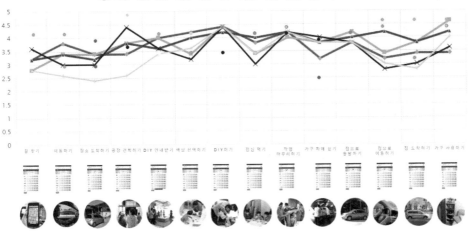

그림 6-28 행복맞춤목공소 1차 프로토타이핑 고객경험평가 결과

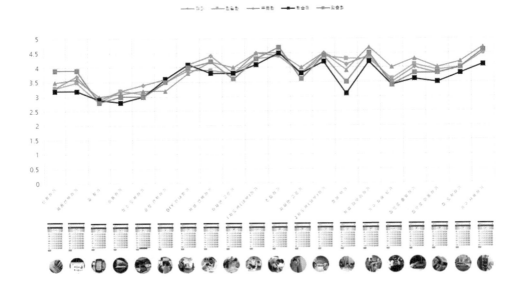

그림 6-29 행복맞춤목공소 2차 프로토타이핑 고객경험평가 결과

그림 6-30 어린이 의자/수납함 1 Seater 및 2 Seater

1. 신청하기
2. 제품선택하기
3. 길 찾기
4. 이동하기
5. 장소도착하기
6. 공장 견학하기
7. DIY 안내 받기
8. 색상선택하기
9. DIY하기
10. 점심 먹기
11. 작업 마무리하기
12. 가구 차에 싣기
13. 집으로 출발하기
14. 집으로 이동하기
15. 집 도착하기
16. 가구 사용하기

그림 6-31 행복맞춤목공소 져니 맵: 프로토타이핑 사진 이용

행복맞춤목공소 비즈니스 모델

비즈니스 모델 설계 단계를 구체적으로 설명하면, 기존의 TPD의 비즈니스 모델은 전형적인 B2B 제조기업의 특징인 Pay per Unit의 수익모델이었다(그림 6-32). 고객 관점에서 맞춤형 가구에 관심이 있는 프리미엄 고객을 대상으로 Niche/Premium(Customization) Targeting 전략을 채택한 것이다(그림 6-33). 이들을 대상으로 DIY 체험서비스인 행복맞춤목공소 서비스를 고객에게 제공하므로, 채널 관점은 Experience Shop 전략을 채택한 것이다(그림 6-34). 또한 고객관계 관점에서 고객이 직접 가구를 만들 수 있도록 하고, 후기 등을 공유하게 하는 DIY 체험서비스를 제공하여 제품 구매유도 및 입소문 효과를 위한 Community(Viral) Marketing 전략이 적용되었다. 이후 비즈니스 모델은 전략단계의 상생파트너 결정의 관점에서 개선되었다. 상생협력방안으로 DIY체험서비스를 제공할 수 있는 다양한 파트너와의 제휴가 필요하여 Cross Promotion 전략이 적용되었다(그림 6-35). 그리고 비용관점에서는 공장이라는 공간에 고객을 유치하는 변화를 위한 초기투자가 필요한 점을 고려해야 한다. DIY 서비스를 운영하기 위한 지속적인 비용도 물론 당연히 필요한 것이다. (그림 6-35)에서 특별히 표시하지는 않았지만, 맞춤화된 DIY 서비스를 제공하므로 고객관리 관점에서 Customization, Participation, Education 등의 전략도 채택된 것이다.

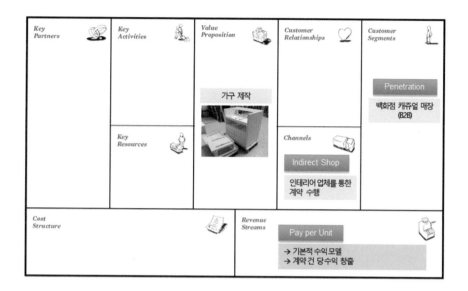

그림 6-32 행복맞춤목공소 비즈니스 모델 디자인 1

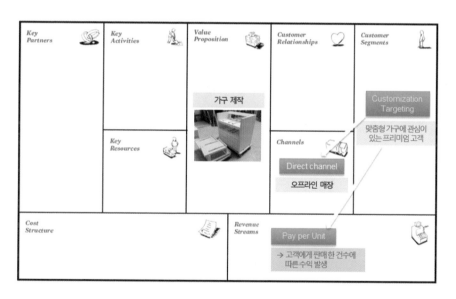

그림 6-33 행복맞춤목공소 비즈니스 모델 디자인 2

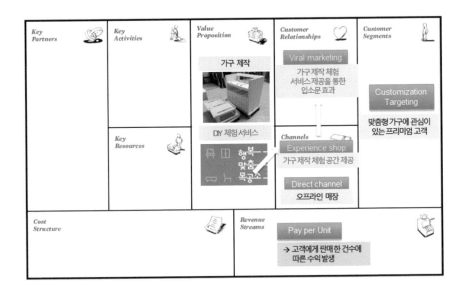

그림 6-34 행복맞춤목공소 비즈니스 모델 디자인 3

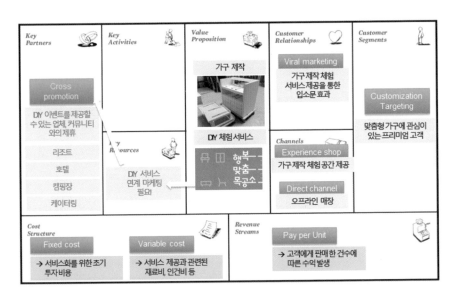

그림 6-35 행복맞춤목공소 비즈니스 모델 디자인 최종

행복맞춤목공소 비즈니스 론칭

본 단계는 서비스화 팀에 속해 있던 서비스 기업이 제조기업과 협력하여 진행하였다. 추진배경 및 필요성 조사, DIY 가구 시장조사, 경쟁사 조사 및 벤치마킹을 통하여 요구조건을 도출하였다. 그 다음 서비스 포트폴리오를 구성하여 DIY 가구 제작 체험으로 실용성과 보람을 높여줄 수 있는 나만의 이야기를 담은 가구를 제작하는 맞춤형 목공 체험 서비스 컨셉을 구성하였다. 이후 각 단계별 상세 서비스를 기획하고 DIY 아이템 시장조사를 바탕으로 요구사항을 도출하였다. 그 다음 DIY 아이템 및 테마를 확정하여 DIY 신청하기, 제품 선택하기에 대한 고객접점 디자인이 설계되었다. 또한 온라인 마케팅 채널을 확정하고 기획하여 온라인 홍보 활동 또한 진행되었다. 이후 행복맞춤목공소 제품-서비스 융합 비즈니스를 2015년 5월 공식 론칭하였다(그림 6-36).

그림 6-36 행복맞춤목공소 비즈니스 론칭

4. 비즈니스 이노베이션 전략

본 저서에서 서비스 디자인 프로세스를 구체적으로 설명하였다. 특히, 제품을 생산하여 판매하는 제조기업의 제품에서 시작하여, 제품에 연계된 새로운 서비스 컨셉을 만들어내어 제품-서비스 시스템을 디자인하고, 이를 위한 비즈니스 모델을 만들어 가는 방법론을 구체적으로 설명하였다. 이 과정의 핵심은 제품의 생애주기에 관련된 다양한 관련자들의 가치, 특히 경험 가치를 찾아내어, 이를 드라이브하는 행위 즉 서비스를 디자인하는 과정이다. 그리고 이 경험을 지속적으로 평가하고, 관리하는 체계가 필요하다. 이 서비스 디자인 방법론이 비즈니스 이노베이션을 위해 만들어졌지만, 서비스의 핵심 본질에 기반한 디자인 방법론으로서 의료 서비스 이노베이션, 사회 서비스 혁신 등에도 물론 성공적으로 적용된 방법론이다.

본 장의 3절에서 소규모 가구 제조기업의 서비스화 비즈니스 이노베이션 사례를 소개했다. 이는 저자가 연구책임자로 수행한 제조업의 서비스화 지원 프레임워크 과제에서 수행한 16개 기업 사례 중 첫 번째 사례이다. 16개의 사례 중에는 대기업의 사례도 있고, 기존 기업이지만 완전히 새로운 신사업 진출을 위한 사례도 있다. 16개 사례의 수행 후 얻은 소감은 16개의 사례가 모두 다 다르다는 것이다. 마치 1장에서 얘기한 Everybody is different라는 말과 흡사하다. 앞으로 적절한 기회가 만들어지면, 이들 사례들을 구체적으로 소개할 계획이다. 16개의 사례가 전개된 방향이 제각기 다르지만, 이들 사례를 통해서, 새로운 제조기업의 서비스화를 진행할 때 적용할 수 있는 서비스화 전략의 정립이 확인되었다. 이는 또한 스타트업 기업의 사업화 전략을 가이드할 수도 있다.

요즈음 국내외 기업의 주요 관심거리 중 하나는 디지털 트랜스포메이션(Digital Transformation)이다. 4차 산업혁명도 많은 기업 및 조직, 그리고 정책 담당자에게 지대한 관심을 받고 있다. 1장에서 설명한 바와 같이 여기서 핵심은 고객의 혁명적 수준의 적극적 참여에 기반한 이노베이션에 있다. 제조기업이라면, 제품 구매 이후 진행되는 사용과정에서의 서비스에 기반한 새로운 수익창출에 초점을 맞추어야 한다.

핵심 고객 경험 가치를 찾아 이들의 고객 경험 평가를 디지털 데이터로 확보하는 구체 방법과 전략이 디지털 트랜스포메이션의 핵심이 된다. 본 저서에서 소개한 가치모델링 – 서비스행위디자인 - 서비스인터랙션디자인 – 서비스경험관리의 4단계로 구성된 서비스 디자인 방법론이 4차 산업혁명 시대의 제조업 서비스화와 디지털 트랜스포메이션을 견인하는 핵심적 역할을 수행할 것을 기대해 보사.

Business Model Strategies

비즈니스 모델 전략

비즈니스 모델 전략

제품-서비스 시스템 디자인 기술 개발 과제에서 수행된 비즈니스 모델 관점별 비즈니스 모델 전략을 간략히 설명한다(홍유석, 16).

Customer Segments

○ 2-Sided Targeting: 수요자와 판매자를 연결시켜주는 플랫폼 사업자의 경우 수요자와 판매자 모두 소비자이며, 양쪽의 수요를 만족시킬 수 있도록 해야 함.

○ Environmental Targeting: 환경 보호를 위한 아이디어를 실천하기 위한 비즈니스 모델로서 환경보호에 관심 있는 소비자들을 위한 전략.

○ Geographical Expansion: 기존의 비즈니스 모델이 대상으로 삼던 지역에서 벗어나 새로운 지역을 대상으로 함.

○ Long Tail Targeting: Mass market에서 쉽게 구할 수 있는 커다란 머리 (Head)뿐만 아니라, 소외된 긴 꼬리(Long-tail)에서 무시하지 못할 수익이 창출됨.

○ Low-Price Targeting: 기존보다 가격이 싼 제품 및 서비스를 원하는 고객을 위한 전략을 지칭함.

○ Niche Targeting: 특정 고객 및 시장의 Needs(틈새시장)를 Target으로 하여 맞춤형 제품 및 서비스를 제공하는 전략.

○ Premium Targeting: 기존보다 가격은 비싸지만 품질과 기능면에서 확실히 차별화된 Premium급 제품 및 서비스를 원하는 고객을 위한 전략.

○ Segment Expansion: 기존의 비즈니스 모델이 대상으로 삼던 고객에서 벗어나 새로운 고객을 대상으로 함.

○ Public Interest Targeting: 기존의 일반적 구매력을 갖춘 소비자 외에, 사회적 약자나 소외 계층을 위한 전략.

Customer Relationships

○ Blockbuster Marketing: TV나 버스광고, 대규모 이벤트 등으로 대중에게 제품/서비스를 인식시키는 전략. 빠른 시간 동안 광범위하게 노출을 시켜 인지도를 높여서 고객을 획득하는 전략.

○ Community: 소비자들 스스로가 정보를 만들어 내고 교류하는 커뮤니티를 만들어 고객을 획득하고 유지하는 전략을 말한다. SNS, 블로그, 카페 등 주로 온라인상에서 커뮤니티가 만들어지고 활성화되면 오프라인 활동으로 이어지기도 함.

○ Customer Participation: 고객이 제품/서비스가 만들어 지는 과정 중 일부분에 참여를 하거나 제품/서비스가 제공되는 일련의 과정 이외에 부가적인 Activity(or Event) 등에 참여함으로써 고객의 충성도를 높이는 전략.

○ Customization: 고객 각자의 요구사항에 맞는 맞춤형 제품 및 서비스를 제공함으로써 고객을 획득하는 전략.

○ Education: 고객이 필요로 하는 지식이나 노하우를 효과적으로 전달하여 고객의 만족을 높이는 전략. 제품/서비스의 가치를 충분히 활용, 불만족을 낮추고, 충성도가 높아져서 고객의 이탈을 방지.

○ Life Cycle Care: 판매, 사용, 폐기 등 Life-Cycle 전 과정을 관리하여 장기적으로 고객과의 관계를 유지하는 전략. 장기적으로 고객과의 소통이 이루어지므로 고객의 요구를 알기가 쉽고, 고객 이탈을 방지하고 서비스 요금과 다음 세대 제품 구매유도를 통해 지속적인 수입을 얻을 수 있다는 장점이 있음.

○ Membership: 브랜드 혹은 제품/서비스에 대한 멤버십을 발행하고, 멤버십에 가입한 고객에게 다양한 혜택을 제공함으로써, 고객 충성도를 유지하는 전략.

○ Network Effect: 자사의 제품/서비스를 사용하는 고객이 많을수록, 고객이 느끼는 가치가 상승하도록 만드는 전략. 통신망, SNS를 포함한 다양한 비즈니스 모델에서 많은 소비자를 끌어들이기 위해 노력하고 있음.

○ Reward: 고객의 제품/서비스 구매 횟수를 누적 반영하여, 고객에게 포인트나, 추가 할인

등의 금전적인 혜택을 제공하여 고객의 추가구매를 유도하고 충성도를 높이는 전략.

○ Social Network: SNS와 같은 매체를 통하여 입소문을 퍼뜨려 또 다른 사용자를 끌어들이고, 브랜드 인지도를 확보하는 전략. 핵심은 사용자가 다른 사용자에게 자사의 제품/서비스에 대한 소문을 낼 수 있도록 인센티브를 부여, 입소문 효과를 적극적으로 활용.

○ Upgrade: 지속적으로 업그레이드를 해주어 구매한 제품/서비스의 가치를 사용기간 동안 계속 유지하게 해줌으로써 고객의 만족을 높이는 전략. 지속적으로 고객관리를 통해 고객을 확보 및 유지하는 전략.

Channels

○ Bundling/Channel Sharing: 해당 제품, 서비스의 판매 채널로 불특정 다수가 사용하는 교통, 유통 채널 인프라를 활용하는 방식.

○ Delivery: 고객이 제품/서비스를 이용하기 위해 제품/서비스 제공자가 고객에게 직접 배달하여 고객의 편의성을 높여주는 전략.

○ Disintermediation: 중간 유통망을 제외하고 직접 고객에게 제품을 전달하는 전략.

○ Experience Shop: 매장 안에서 제품을 직접적으로 사용하고 체험할 수 있도록 채널 자체를 재설계하는 전략. 좋은 사용경험을 제공함으로써 고객의 추가적 구매 및 재구매를 유도.

○ Franchise: 특정한 상품이나 서비스를 제공하는 주재자가 일정한 자격을 갖춘 사람에게 자기 상품에 대하여 일정 지역에서의 영업권을 주어 시장 개척을 꾀하는 방식.

○ Intermediation: 제품/서비스의 홍보 및 판매가 슈퍼, 백화점 등 종합 유통 채널에 의해 이루어지는 형태. 종합유통채널 자체의 이점을 그대로 이용할 수 있음.

○ Internet: 제품/서비스의 홍보 및 판매가 Interne/Mobile을 통해서 이루어지는 전략.

○ Road Shop: 제품/서비스의 제공이 길거리의 간이 매장이나 특정장소의 booth, 또는 트럭 등을 통해 이루어지는 전략. 기존 매장보다 더욱 쉽게, 가까이 고객과의 접촉, 상황에 따라 쉽게 이동.

○ Sales Person: 방문 판매원이 직접 고객에게 찾아가는 전략.

○ Shop in Shop: 매장 안에 또 다른 매장을 만들어 상품을 판매하는 새로운 매장형태.

○ Homeshopping / Catalog: 제품/서비스의 홍보 및 판매가 홈쇼핑 채널/ 카탈로그를 통해서 이루어지는 전략. TV라는 매체와 홈쇼핑/카탈로그의 연계 및 전략적인 편성 및 제품 번들 구성의 이점.

Revenue Streams

- Ad-based: 소비자의 관심을 대가로 고객이 아닌 광고업체에게 돈을 받아 수익을 창출하는 것을 지칭함.

- Commission: 위탁, 판매, 서비스 중계를 대가로 수익을 창출하는 전략을 지칭함.

- Donation: 자선 사업이나 공공사업을 목적으로 고객으로부터 자발적인 수익을 확보하는 전략.

- Freemium: 공짜(free)와 프리미엄(premium)의 합성어로 기본 서비스는 무료로 제공하고, 부가 서비스는 유료화하여 수익을 창출하는 전략.

- Loyalty: 가치 있는 무형 및 유형 자산을 기업 및 소비자에게 제공하여 수익을 창출하는 것을 지칭함. 제품 및 서비스를 제공 받을 때, 고객은 수수료를 한 번에 전액 부담할 수도 있으나, 제품 및 서비스를 지속 생산하며 얻는 수익을 공급자에게 일정 부분을 제공하는 경우도 있음.

- Pay As You Want: 고객이 해당 제품이나 서비스에 대하여 내고 싶은 만큼의 가격을 선정(하한선과 상한선 존재)하고 지불하는 형태를 말함. 주로 해당 제품의 마니아층의 기부를 노리거나, 사회적 자선사업의 개념에서 고객에게 원하는 만큼의 지불을 요구하는 사례가 많음.

- Pay Per Unit: 고객에게 제품/서비스 한 단위로 가격을 부가하여 수익을 창출하는 방법.

- Pay Per Use: 제품/서비스 한 단위에 가격을 부과하던 방식에서 벗어나, 사용한 만큼만 가격을 부과하는 방식.

- Razor Blade: 설치 기반의 제품을 제공하고 연계 상품 및 서비스를 판매하여 이익을 창출하는 수익 전략. 기반제품을 사용하는 life-cycle 동안 추가적 제품판매를 통하여 부가수익을 지속적으로 창출할 수 있음.

- Subscription: 제품/서비스 한 단위에 가격을 부과하던 방식에서 벗어나 일정 기간 제품/서비스를 자유롭게 사용할 수 있는 권한을 제공하는 방식.

∘ Subsidiary: 보조금 정책은 기본적으로 제품의 가격을 낮추거나, 금액의 일정부분을 다시 돌려주는 방식을 통하여 고객을 확보하는 전략. 이러한 가격 정책은 플랫폼 비즈니스의 부상과 함께 다시 주목받고 있는데, 플랫폼 비즈니스는 다수의 고객 및 시장참여자의 확보를 핵심으로 하기 때문에, 보조금을 지원하여 플랫폼의 저변을 넓힐 필요성이 있기 때문임.

Cost Structure

○ Cost Effectiveness: 공동 부품 등을 활용한 원가 절감 전략.

○ Cost Efficiency: 일반적인 원가 절감 전략.

○ No-frill: 부가적인 기능을 최소화하고, 기본 기능만을 제공하는 방식의 원가 절감 전략.

○ Structural Innovation: 조직 및 생산 방식의 혁신등을 통하여 원가 절감을 달성하는 전략.

Key Resources

○ Brand Leverage: 신규 비즈니스 모델 창출 과정에서 기업이 이미 보유하고 있는 프로세스, 평판, 기술력을 활용하여 효율적으로 제품/서비스를 생산해 내는 전략.

○ Crowdsourcing: 신규 제품/서비스를 창출하는 과정에서 최종 소비자인 대중(Crowd)들을 참여시키는 방식. 대중들은 신상품 아이디어 제공, 창의적 문제의 해결, 기금 조성/금전적인 참여 등.

○ Merge & Acquisition: 기업이 필요로 하는 자원을 갖춘 다른 기업을 인수하여 자신의 자회사로 만드는 형태.

○ Open Innovation: 연구 및 개발(R&D)과정을 개방화하고, 기업 외부의 자원들을 활용하여 새로운 제품/서비스를 혁신하거나 부족한 전문성을 확보하는 전략.

○ Outsourcing: 기업의 프로세스 및 이에 필요한 자원의 운영을 외부 기업에 맡기는 방식. 외주 기업의 전문성을 통하여 비용을 낮추고 효율성을 기대할 수 있음.

○ Adding New Resources: 상품을 개발하기 위하여 새로운 자원 획득에 초점을 맞춤.

○ Platform Utilization: 기업의 제품/서비스 창출을 위하여 다른 기업이 제공하는 플랫폼을 활용하는 경우를 말함. 온라인 비즈니스의 경우 Open API 혹은 중개 플랫폼, 오프라인 비즈니스의 경우 유통망, 배송망, 공공 인프라 등을 활용.

○ Recycle: 이미 판매되었거나 사용된 상품을 활용하여 새로운 제품/서비스를 창출하는 방식.

Key Activities

- Added Service: 비즈니스 모델의 변화로 인하여 기존의 프로세스에 추가적으로 서비스 수행을 위한 프로세스를 추가하는 전략.

- Economics of Scale: 원료의 대량 구입, 제품의 대량 생산을 통해 단위 제품의 판매가, 생산비를 낮추는 전략.

- Economics of Scope: 동일한 원료, 생산프로세스를 공유하는 다양한 제품/서비스를 동시에 만들어 단위 제품의 판매가, 생산비를 낮추는 전략테스트.

- Lean Manufacturing: 제품 생산 및 서비스 제공 준비에서부터 고객 전달까지의 시간을 최소화하는 빠른 프로세스 능력을 갖추는 데에 중점을 두는 전략.

- No Frill: 제품/서비스 제공 프로세스에서 불필요한 요소를 제거하여 원가를 절감하는 전략.

- Peer to Peer(P2P): 자산을 제공할 개인과, 이를 사용할 개인을 중개하는 데에 집중하는 전략.

- Responsiveness: 시장 변화에 빠르게 대응하여 제품/서비스를 출시하는 전략.

- Self Service: 서비스 제공자의 도움을 최소화하고 고객이 직접 서비스의 핵심을 수행하도록 하는 전략. 여기서 비즈니스 운영자는 플랫폼이나 제품을 제공하는 경우가 많음.

- Service Productization: 서비스 제공자를 통하여 수행되는 서비스 프로세스의 일부를 자동화하여 유형화된 제품의 형태로 바꾸는 전략.

- Standardization: 다수의 매장에서 제품/서비스를 제공하는 경우 제품/서비스를 표준화하는 전략. 동일한 품질, 제공 프로세스를 표준화, 교육 시간과 비용 절약 등.

- Vertical Integration: 원재료 생산에서부터 제품 생산, 판매까지의 기업의 가치 창출 단계들 중 일부 혹은 전체를 내부화하여 통합하는 전략. 불확실성을 줄이고 신속한 의사결정.

Key Partners

- Alliance: 일련의 공동의 목표를 추구하기 위해 두 개 이상의 기업들이 협약하는 전략.

- Cross Promotion: 파트너십을 맺은 두 기업이, 서로의 제품/서비스 요소를 고객이 함께 사용하도록 유도하는 마케팅 전략.

- Cross Servicing: 동질한 서비스를 제공하는 다른 경쟁사와 협정을 맺고 함께 서비스를 제공하는 전략.

- Design Collaboration: 제품의 디자인 과정에서, 서로의 다른 브랜드의 제품을 결합한 새로운 제품을 제시함으로써, 시너지 효과를 기대하는 전략.

- Joint Distribution: 유통망을 넓힐 수 있고, 판매량을 늘릴 수 있도록 다른 기업의 유통망을 활용하는 제휴를 통하여 자사의 제품의 판매하는 전략.

- R&D Contract: 자사가 보유하지 못한 전문성을 갖춘 기업과 제휴를 맺고 공동으로 기술을 개발하는 형태.

- Shared Investment: 사업 시작에 들어가는 비용과 위험을 분산시키기 위해, 다른 기업과 파트너십을 맺고 공동으로 투자하는 전략.

- Subcontractor Network/Solution Network: 가치 창출에 필요한 프로세스/부품의 일부를 다른 기업에게 하청/아웃소싱을 주는 형태.

- Internal Network: 기업 내부의 다른 비즈니스 유닛과 협혁하는 전략.

참고문헌

(김영세, 01) 김영세, *12억짜리 냅킨 한 장*, 중앙M&B, 2001

(김영세, 05) 김영세, *이노베이터*, 랜덤하우스중앙, 2005

(김용세, 09) 김용세, *창의적 설계 입문(Introduction to Creative Design)*, 생능출판사, 2009

(김용세, 14) 김용세, *창의적 설계입문 워크북*, 생능출판사, 2014

(김용세, 이상원, 14) 김용세, 이상원, *PSS 디자인 장치 및 방법*, 성균관대학교 산학협력단, 특
　　　허등록번호 10-1401043, 2014

(김용세, 이영곤, 13) 김용세, 이영곤, *PSS 행위 모델링 장치 및 방법*, 성균관대학교 산학협력단,
　　　특허등록번호 10-1339800, 2013

(김용세, 홍연구, 17) 김용세, 홍연구, *실시간 경험 분석 시스템 및 방법*, 성균관대학교 산학협
　　　력단, 특허등록번호 10-1707182, 2017

(김용세 외, 11) 김용세, 맹주원, 백종환, 정지윤, 이동희, *의류 재활용 시스템 및 방법*, 성균관
　　　대학교 산학협력단, 특허등록번호 10-1040177, 2011

(김용세 외, 12) 김용세, 홍연구, 김진휘, *상황 맞춤형 경험 샘플링 방법 및 시스템*, 성균관대학
　　　교 산학협력단, 특허등록번호 10-282906, 2012

(김용세 외, 14a) 김용세, 이상원, 이상진, 김효원, *PSS 서비스 청사진 제공 장치 및 방법*, 성균
　　　관대학교 산학협력단, 특허등록번호 10-1455260, 2014

(김용세 외, 14b) 김용세, 조숙현, 이지원, *제조업의 서비스화 이해*, 산업통상자원부 제조업의
　　　서비스화 지원 프레임워크 개발 과제 MSSF 보고서 2014-1, 성균관대학교 산학
　　　협력단, ISBN 979-11-952793-0-2, 2014

(김용세 외, 16a) 김용세, 안은경, 최유진, 이희주, 스즈키쿠미코, *스마트 조명 기반 커피숍 고
　　　객의 경험가치 증진을 위한 서비스디자인*, 산업통상자원부 제조업의 서비스화 지
　　　원 프레임워크 개발 과제 MSSF 보고서 2016-3, 성균관대학교 산학협력단, ISBN
　　　979-11-952793-3-3, 2016

(김용세 외, 16b) 김용세, 조우현, 이준서, 김성은, 오희라, 정수연, *안경 매장 경험 서비스 디자
　　　인*, 산업통상자원부 제조업의 서비스화 지원 프레임워크 개발 과제 MSSF 보고

서 2016-10, 성균관대학교 산학협력단, ISBN 979-11-960525-3-9, 2016

(김용세 외, 17) 김용세, 홍연구, 조창규, 고객 경험 평가 샘플링 및 분석, 성균관대학교 산학협력단, 프로그램 등록번호 C-2017-003758, 2017

(김지훈 외, 15) 김지훈, 조창규, 김용세, 제조업의 서비스화를 위한 비즈니스 컨텍스트 진단 방법 및 사례 연구, *대한경영학회지*, 제28권, 제9호, 2015

(서비스디자인협의회, 11) 한국서비스디자인협의회, *www.servicedesign.or.kr*, 2011

(손영재 외, 11) 손영재, 박대섭, 오창호, 김현숙, 외식서비스접점에서의 고객경험관리(CEM)와 지각된 감정 및 브랜드태도, 관계지향성의 구조적관계에 관한 연구, *외식경영학회*, 14(1), 181-200, 2011

(원종훈, 14) 원종훈, 비즈니스 모델 연계 제품-서비스 통합시스템 디자인 방법론 및 사례, *성균관대학교 일반대학원 석사학위 논문*, 2014

(이상원 외, 13) 이상원, 김용세, 서병호, 김철두, PSS 기능 모델링 장치 및 방법, 성균관대학교 산학협력단, 특허등록번호 10-1329567, 2013

(조선일보, 08) 조선일보, *Special Report - '디자인 리더' 美 IDEO社 방문기*, 2008

(홍유석, 16) 홍유석, 비즈니스 모델 및 에코시스템 설계 소프트웨어(Biz Chef), 서울대학교 산학협력단, 프로그램 등록번호 C-2016-030989, 2016

(SAS, 08) SAS, *기업의 고객 경험 관리 능력에 관한 실태 조사*, 2008

(Aalbog Univ. ,12) Aalbog University, *Service Systems Design Master Program*, 2012

(Baines & Lightfoot, 13) Baines, T., and Lightfoot, H., *Made to Serve: How Manufacturers Can Compete through Servitization and Product Service Systems*, Wiley, 2013

(Cambridge Service Alliance, 12) Cambridge Service Alliance, Cambridge University, *https://cambridgeservicealliance.eng.cam.ac.uk*, 2012

(Capgemini, 16) Capgemini, *Industry 4.0 - The Capgemini Consulting View*, 2016

(CDI, 05) Creative Design Institute, *http://cdi.skku.edu*, 2005

(Cho *et al.*, 10) Cho, C. K., Kim, Y. S., and Lee, W. J., Economical, Ecological and Experience Values for Product-Service Systems, *Proc. of Int'l Conf. on Design and Emotion*, Chicago, 2010

(Cross, 00) Cross, N., *Engineering Design Methods – Strategies for Product Design*, Wiley, Chichester, 2000

(D-School, 05) D-School, *Hasso-Plattner Institute of Design at Stanford*, Stanford University, 2005

(Desmet & Hekkert, 07) Desmet, P. M. A., and Hekkert, P., Framework of Product Experience. *International Journal of Design*, Vol. 1, No.1, 57−66, 2007

(Daugherty & Mentzer, 08) Daugherty, J., and Mentzer, N., Analogical Reasoning in the Engineering Design Process and Technology Education Applications, *Journal of Technology Education*, Vol. 19, No. 2, Spring 2008

(Donaldson *et al.*, 06) Donaldson, K., Ishii, K. and Sheppard, S., Customer Value Chain Analysis, *Research in Engineering Design*, 16: 174–183, 2006.

(Fischer *et al.*, 12) Fischer, T., Gebauer, H., and Fleisch, E., *Service Business Development: Strategies for Value Creation in Manufacturing Firms*, Cambridge University Press, 2012

(Galvao & Sato, 05) Galvao, A., and Sato, K., Affordances in Product Architecture: Linking Technical Functions and Users' Tasks, *Proc. ASME Int'l. Conf. Design Theoty & Methodology*, 2005

(Gero, 90) Gero, J. S., Design Prototypes: a Knowledge Representation Schema for Design", *AI Magazine*, 11(4), pp. 26–36, 1990

(Goedkoop *et al.*, 99) Goedkoop, M. J., van Halen, C. J. G., te Riele, H. R. M., and Rommens, P. J. M., Product Service Systems: Ecological and Economic Basics, *Report for Dutch Ministries of Environment (VROM) and Economic Affairs (EZ)*, 1999

(Harris *et al.*, 03) Richard Harris, R., Harris, K., and Baron, S., Theatrical Service Experiences : Dramatic Script Development with Employees, *International Journal of Service Industry Management*, 14(2):184-199, 2003

(Holbrook, 99) Holbrook, M. B., Consumer Value: A Framework for Analysis and Research, Routledge, London, 1999

(ISO, 06) ISO, *Ease of Operation of Everyday Products — Part 1: Design Requirements for Context of Use and User Characteristics*, ISO 20282-1, 2006

(Kamaladevi, 10) Kamaladevi, B., Customer Experience Management in Retailing, *Business Intelligence Journal*, Vol. 3, No. 1, pp. 37-53, 2010

(Kim, 92) Kim, Y. S., Recognition of Form Features Using Convex Decomposition, *Computer-Aided Design*, Vol. 24, No. 9, pp. 461–476, 1992

(Kim, 15) Kim, Y. S., A Methodology of Design for Affordances using Affordance Feature Repositories, *AI for Engineering Design, Analysis and Manufacturing*, Vol. 29, pp.307-323, 2015

(Kim, 16) Kim, Y. S., A Representation Framework of Product-Service Systems for

Classification & Design, *Service Design and Innovation Conference (ServDes)*, Copenhagen, 2016

(Kim & Hong, 11) Kim, Y. S., and Hong, Y. K., A Framework for Exploration Phase of Experience Design and a Case Study in Lighting Design, *Int'l. Association of Societies of Design Research Conference*, Delft, 2011

(Kim *et al.*, 11) Kim, Y. S., Hong, Y. K., Kim, J. H., and Kim, Y. M., Context-specific Experience Sampling for Experience Design Research, *Int'l Conf. on Engineering Design (ICED11)*, Copenhagen, 2011

(Kim & Lee, 11) Kim, Y. S., and Lee, S. W., Service Design for Product-service Systems Using Context-based Activity Modeling, *Proc. of International Association of Societies of Design Research (IASDR) Conference*, Delft, Netherlands, 2011

(Kim *et al.*, 12) Kim, Y. S., Lee, S. W., Kim, S. R., Jeong, H., and Kim, J. H., A Product-Service Systems Design Method with Integration of Product Elements and Service Elements Using Affordances, *Service Design and Innovation Conference (ServDes 2012)*, Espoo, 2012

(Kim *et al.*, 13a) Kim, Y. S., Lee, S. W., Jeong, H., Kim, S. R., Kim, J. H., Noh, J. H., and Won, J. H., A Systematic Design Framework for Product-Service Systems and Its Implementation, *Int'l. Conf. Service Science and Innovation*, Kaoshiung, 2013

(Kim *et al.*, 13b) Kim, Y. S., Lee, S. W., Kim, S. I., Kim, K., Kim, M., and Won J. H., Product-Service Systems Design Education and a New Interdisciplinary Service Design Graduate Program, *The 19th International Conference on Engineering Design (ICED13)*, Seoul, 2013

(Kim *et al.*, 15a) Kim, Y. S., Kim, S., and Roh, E., Product-Service Systems Representation and Repository for a Design Support Tool, *The 20th International Conference on Engineering Design (ICED15)*, Milano, 2015

(Kim *et al.*, 15b) Kim, Y. S., Lee, J., Lee, H., and Hong, Y. S., Product-Service Business Concept Design: Real-world Case of a Small Furniture Manufacturing Firm, *The 7th Industrial Product-Service Systems Conference (IPSS), Procedia CIRP*, Vol. 30, pp. 257-262, Saint-Etienne, 2015

(Kim *et al.*, 18) Kim, Y. S., Kim, S. R., Noh, J. H., and Hong, Y. K., *Design System and Method Using Affordance Feature Repository*, US Patent 9,984,099, 2018.

(Kotler &Armstrong, 99) Kotler, P., and Armstrong, G., *Principles of Marketing (8th ed.*), Upper Saddle River, N. J. London, Prentice Hall International, 1999

(Lee *et al.*, 11) Lee, J. H., Shin, D. I., Hong, Y. S., and Kim, Y. S., Business Model Design Methodology for Innovative Product-Service Systems: A Strategic and Structured Approach, *Proc. Int'l Conf. on Engineering Design* (*ICED11*), Copenhagen, Denmark, 2011

(Lusch & Vargo, 06) Lusch, R. F., and Vargo, S. L., Service-Dominant Logic: Reactions, Reflections, and Refinements, *Marketing Theory*, Vol. 6, No. 3, pp. 281-288, 2006

(Matzen & McAloone, 08) Matzen, D., and McAloone, T. C., From Product to Service Orientation in the Maritime Equipment Industry – A Case Study, *Proc. 41st CIRP Conf. on Manufacturing Systems*, Tokyo, 2008

(McKim, 72) McKim, R., *Experiences in Visual Thinking*, Brooks & Cole Publishing Company, Monterey, 1972

(Moggridge, 09) Moggridge, B., Keynote Speech, Service R&D International Conference, Seoul, 2009

(Morelli, 03) Morelli, N., Product-Service Systems, a Perspective Shift for Designers: A Case Study: the Design of a Telecentre, *Design Studies*, Vol. 24, No. 1, pp. 73–99, 2003

(Moritz, 05) Moritz, S., Service Design: Practical Access to an Evolving Field, *Master Thesis*, Koln International School of Design, Germany, 2005

(Osterwalder, 04) Osterwalder, A., *The Business Model Ontology—A Proposition in a Design Science Approach*, PhD Thesis, University of Lausanne, 2004

(Osterwalder & Pigneur, 10) Osterwalder, A., and Pigneur, Y., *Business Model Generation – A Handbook for Visionaries, Game Changers and Challengers*, John Wiley & Sons inc, New Jersey, 2010

(Pine&Gilmore, 98) Pine, J. B. II, and Gilmore, J. H., Welcome to the Experience Economy, *Havard Business Review*, pp. 97-105, 1998

(Polimi, 18) Product-Service System Design Program, Politecnico di Milano, www. pssd.polimi.it.

(Sanders & Stappers, 08) Sanders, E. B. N., and Stappers, P. J., Co-creation and the New Landscapes of Design, *CoDesign: International Journal of CoCreation in Design and the Arts*, Vol. 4, No. 1, pp. 5-18, 2008

(Scherer, 01) Scherer, K. R., Appraisal Considered as a Process of Multilevel Sequential Checking. In Appraisal Processes in Emotion: Theory, Methods, Research (eds Scherer K. R., Schorr A., Johnstone T.), pp. 92–120. New York, Oxford University Press, 2001

(Scherer, 04) Scherer, K. R., Which Emotions Can be Induced by Music? What Are the Underlying Mechanisms? And How Can We Measure Them?, *Journal of New Music Research*, Vol. 3, No. 3, pp. 239-251, 2004

(Scherer, 05) Scherer, K. R., What Are Emotions? And How Can They be Measured?, *Social Science Information*, Vol. 44, No. 4, pp. 695-729, 2005

(SDI, 13) Service Design Institute, Sungkyunkwan University, *http://sdi.skku.edu*, 2013

(Service Design Software, 12) Service Design Software, *http://servicedesignsoftware. com*, 2012

(Sheth *et al.*, 91) Sheth, J. N., Newman, B. I., and Gross, B. L., Why We Buy What We Buy: A Theory of Consumption Values, *Journal of Business Research*, Vol. 22, pp. 159-170, 1991

(Shostack, 82) Shostack, G. L., How to Design a Service, *European Journal of Marketing*, Vol. 16, No. 1, pp. 49–63, 1982

(St. Gallen University, 13) St. Gallen University, Business Model Innovation (video), http://www.bmilab.com, *Institute of Technology Management*, St. Gallen University, 2013

(Tukker, 04) Tukker, A., Eight Types of Product-Service Systems: Eight Ways to Sustainability? Experiences from SusProNet, *Business Strategy and the Environment*, Vol. 13, pp. 246-260, 2004

(Umeda *et al.*, 90) Umeda Y., Takeda H., Tomiyama T. and Yoshikawa H., Function, Behaviour, and Structure, *Applications of Artificial Intelligence in Engineering*, Vol. 1, pp. 177–194, 1990

(van Halen *et al.*, 05) van Halen, C. J. G., Vezzoli, C., and Wimmer, R., Methodology for Product-Service System Innovation, *Royal Van Gorcum*, Netherlands, 2005

(Vandermerwe & Rada, 88) Vandermerwe, S., and Rada, J., Servitization of Business: Adding Value by Adding Services, *European Management Journal*, Vol. 6, No. 4, 1988

(Vargo & Lusch, 04) Vargo, S. L., and Lusch, R. F., Evolving to a New Dominant Logic for Marketing, *Journal of Marketing*, Vol. 68, No. 1, January 1-17 2004

(Visser *et al.*, 05) Visser, F. R., Stappers, P. J., van der Lugt, R., and Sanders, E. B. N.,

Contextmapping: Experiences from Practice, *CoDesign: International Journal of CoCreation in Design and the Arts*, Vol. 1, No. 2, pp. 1-30, 2005

(Vygotsky, 78) Vygotsky, L. S., *Mind in Society: The Development of Higher Psychological Processes*. Cambridge, Harvard University Press, 1978

(Won *et al.*, 14) Won, J. H., Kim, Y. S., Lee, J. H., and Hong, Y. S., Association of Product-Service Systems Design Concepts with Business Models and their Evaluation Method, *IEEE International Conference on Engineering*, Bergamo, 2014

(Wu, 11) Wu, J., Case Study of Tightly Integrated Product and Service Element Representation Method with User-Centered Design, *Masters Thesis*, Sungkyunkwan University, Korea, 2011

찾아보기

비즈니스 이노베이션

서비스 디자인

초판발행	2018년 9월 21일
지은이	김용세
펴낸이	안종만
펴낸곳	(주) **박영사**
	서울특별시 종로구 새문안로3길 36, 1601
	등록 1959.3.11. 제300-1959-1호(倫)
전 화	02)733-6771
f a x	02)736-4818
e-mail	pys@pybook.co.kr
homepage	www.pybook.co.kr
ISBN	979-11-303-0659-9 93000

copyright©김용세, 2018, Printed in Korea

* 잘못된 책은 바꿔드립니다. 본서의 무단복제행위를 금합니다.
* 저자와 협의하여 인지첩부를 생략합니다.

정 가 20,000원